STEFAN HERRINGSLACK

WANDERN IM MÜNSTERLAND

Schriftenreihe
des Westfälischen Heimatbundes

Münster 2010

Gedruckt mit Unterstützung
der Nordrhein-Westfalen-Stiftung

NRW-STIFTUNG
NATUR · HEIMAT · KULTUR

Wandern im Münsterland

15 Ausflugstipps
für jung und alt

Stefan Herringslack

Aschendorff
Verlag

Inhalt

Vorwort

Wandern gehört zu den liebsten Freizeitbeschäftigungen der Deutschen, glaubt man dem Deutschen Wanderverband. Der nämlich behauptet in einer Erhebung, dass 34 Millionen Menschen regelmäßig unterwegs sind. In Deutschland gibt es 300.000 Kilometer Wanderwege, 2.800 davon bieten sich im Münsterland an. Dieses Wegenetz wird von 35 ehrenamtlichen Wegewarten des Westfälischen Heimatbundes regelmäßig inspiziert und mit dem weißen X – dem Markenzeichen für das Wandern im Münsterland – nachmarkiert. (Da es in Ausnahmefällen notwendig werden kann, Teilstücke eines Weges zu verlegen, gilt im Zweifelsfall immer die Markierung am Weg.)

Mit diesem Buch wollen wir 15 längere oder auch kürzere Touren auf diesen Wegen vorschlagen. Sie führen in ganz verschiedene Teile des Münsterlandes – im Norden nach Bevergern, im Osten nach Clarholz, im Süden nach Nordkirchen und im Westen nach Suderwick. Aber eines haben sie gemeinsam: Sie führen in die Natur und immer an schönen Sehenswürdigkeiten vorbei, die in den Wandertipps beschrieben sind.

Man muss kein Hochleistungssportler sein, um den Vorschlägen dieses Bandes zu folgen. Nun gut – bei einigen ist schon etwas Kondition vonnöten. Aber die meisten dürften von einzelnen Wanderern, von Gruppen oder von Familien problemlos zu bewältigen sein. Die Wandertipps teilen sich auf in Rundwanderungen und Streckenwanderungen; bei letzteren gibt es Hinweise, wie mit öffentlichen Verkehrsmitteln zum Startpunkt zurückgefahren werden kann. Kartenausschnitte zeigen, wo es langgeht. Lassen Sie sich mit diesem Buch auf kleine Reisen mitnehmen, auf Reisen vor der eigenen Haustüre. Lernen Sie das Münsterland dadurch noch besser kennen.

Ein besonderer Dank gilt der Nordrhein-Westfalen-Stiftung, die diesen Wanderführer großzügig unterstützt hat.

Stefan Herringslack

Auf den Spuren einer Stockwestfälin: Wandern mit Annette von Droste-Hülshoff

Von Nienberge zur Burg Hülshoff

„Oh schaurig ist's, übers Moor zu gehen, wenn es wimmelt vom Heidenrauche." Die berühmte westfälische Dichterin Annette von Droste-Hülshoff ließ sich bei vielen Spaziergängen von der Natur des Münsterlandes inspirieren, um Gedichte wie „Der Knabe im Moor" niederschreiben zu können. Ob diese Natur auch heute noch so schaurig ist, werden wir sehen, wenn wir uns auf die Spuren der Annette begeben. Zwischen dem Rüschhaus in Münster-Nienberge und der Burg Hülshoff in Havixbeck werden wir uns auf einer Länge von elf Kilometern möglichst nah an die „Originalschauplätze" herantasten. Wir folgen zunächst dem Hauptwanderweg X 4, dann der Raute, später wieder dem X 4.

Zwei Wege aus dem Alltag der Dichterin (1797–1848) sind hier zu einem Rundweg verbunden, der auf der Allee vor dem Haus Rüschhaus beginnt und dort auch endet: Zum einen der Weg von hier zur Burg Hülshoff, zum anderen der beliebte Familienspaziergang zu Beckfelds Mühle am Aabruch und weiter zur Krummen Becke.

Schon von der Allee aus sehen wir Haus Rüschhaus. Wir sehen es so, wie es sich der berühmte Architekt

Die Gartenseite des Rüschhauses – 20 Jahre wohnte Annette hier.

Länge: 11 Kilometer

Rundwanderung

Hauptwanderweg X 4, Rautenweg

Parkmöglichkeiten am Rüschhaus

Einkehrmöglichkeiten: Gaststätte Hüerländer, Twerenfeldweg; Café Burg Hülshoff

Johann Conrad Schlaun (1695–1773) als ländlichen Wohnsitz hatte erbauen lassen. 1825 kaufte der Vater der Droste dieses „barock gesteigerte Bauernhaus", wie in Vorahnung seines baldigen Todes, als Witwensitz für seine Frau. Schon ein Jahr später starb er unerwartet, und so zog die Witwe zwei Monate später mit ihren beiden Töchtern Jenny und Annette dort ein – 20 Jahre blieb Annette von Droste-Hülshoff hier wohnen. Ein Rüschhaus-Museum existiert seit 1936, das aber nur im Rahmen einer Führung zu besichtigen ist. Von außen kann das Rüschhaus mit seinem französischen Barockgarten jederzeit besichtigt werden.

Wir gehen die dunkle Allee entlang, über die früher alle Besucher kamen. Am Ende blicken wir auf eine Art Wald, ein beliebig erscheinendes Baumgemisch. Schwer vorstellbar: Es ist ein Reststück der Rüschhauser Heide, also eine Heide, wie sie in den Dichtungen der Droste immer wieder vorkam. Wir folgen dem X, überqueren die Straße, gehen auf dem gegenüberliegenden Fußweg etwa 70 Meter und rechts ab in die Straße „Twerenfeld". Rechts liegt die Gaststätte Hüerländer. Am Ende der Wanderung – natürlich erst am Ende der Wanderung – wartet dort eine Erfrischung oder auch eine Partie Minigolf auf uns.

Wir lassen die asphaltierte Straße links liegen und biegen bei Hüerländer rechts ein. Bei gutem Wetter durch-

Rechts: Eine Stele aus Ibbenbürener Sandstein erinnert an die Droste.

Seite 10: Die Hofseite des Rüschhauses.

querte die Droste das Twerenfeld auf schmalen Pfaden. Der Weg, den wir einschlagen, dürfte aus einem solchen Weg hervorgegangen sein. Etwa auf halber Strecke steht in diesem in der zweiten Hälfte des 19. Jahrhunderts angelegten Wald eine mehrhundertjährige Eibe. Sie ist ein Zeitzeuge – hat Annette unter ihr gedöst? Wer weiß. Am Ende biegen wir mit dem X links auf einen alten Markenweg ab, der uns wieder auf die Asphaltstraße bringt.

Bald wird der X 4 nach rechts über die Straße „Haus Vögeding“ laufen, wir allerdings gehen geradeaus und orientieren uns an der Raute. Nach kurzer Zeit taucht rechts das Denkmal für die Droste auf, eine Stele aus Ibbenbürener Sandstein. Zwei Bänke und eine Wanderhütte lassen uns verschnaufen. Wir biegen rechts in die „Wittoverstiege“ ein. Sicher hat hier Annette oft zurückgeschaut auf den heimatlichen Horizont. Ihre Gedanken waren schwer, als sie fast 30-jährig ihr Elternhaus verließ. „Der Zukunft öde Räume“ – das war zunächst Haus Rüschhaus, an das sie sich nur langsam gewöhnte.

Neben dem Horizontblick sind es die weiten, zum Bett der Aa flach abfallenden und wieder aufsteigenden Hänge, die die Landschaft charakterisieren. Zunächst begleitet uns noch die alte Wallhecke des Vögedinger Ackers. Im Frühjahr begrüßt uns hier so manche Pflanze, die die Droste liebte: Lungenkraut und Immergrün, der wilde Aaronstab und die wilde Wasserschwertlilie.

Kurz bevor wir an einem Kruzifix rechts abbiegen, grüßt zur Linken, heute wie damals, der romanische Turm der Roxeler Kirche St. Pantaleon. Diesen Blick holte sich Annette mit ihrem Fernrohr heran. Das hatte sie immer bei sich, denn sie war außerordentlich kurzsichtig.

Wir können am Kruzifix aber auch einen kurzen Abstecher geradeaus machen – dann kommen wir auf den Hof Wittover (heute Nienkemper). Diesen Hof hat Annette mit ihren Eltern oft besucht, war auch bei Festen dabei und hat mitgetanzt. Noch ein Grund für diesen Abstecher: ein herrlicher Blick ins Aatal.

Wir kehren zurück und folgen der Raute. Am Ende der langen Straße biegen wir links ab und gehen parallel an der lauten Hülshoffstraße entlang (Vorsicht: Radfahrer). Wir überqueren die – begradigte – Aa und sehen am Ende des Radwegs rechts auf einem Feld eine mächtige Eiche – ein weiterer Zeitzeuge, inzwischen Annette-Eiche genannt. Wenn das Feld abgeerntet ist und wir uns nähern können, erkennen wir, dass sie einst an einer Flussschleife gestanden hat. Ist in Gedanken daran das Romanfragment „Ledwina" entstanden? „Die Gegend könnte malerisch noch viel schlichter sein, wie sie ist, sagte Ledwina, und mir bliebe sie doch lieb; von den Erinnerungen, die in jedem Baume wohnen, will ich gar nicht reden; denn so kann nichts mit ihr verglichen werden ...".

Autolärm und die Betonbrücke haben mit der Welt der Dichterin, die hier einst im stillen Aatal wanderte, nichts mehr gemein. Die Natur hat sehr gelitten. Nicht nur die weit ausschwingenden Mäander der Aa wurden bei der Flussbegradigung entfernt, sondern auch die prächtigen Kopfweiden, die hier einst zur Freude Annette-Ledwinas standen.

Wir sind gedanklich wieder im Heute angekommen und stehen am Ende des Radwegs. Wir biegen nach rechts in die Hohenholter Straße ab und müssen dabei höllisch auf den Straßenverkehr aufpassen. Bald aber schon taucht links die Hülshoffer Allee auf, befreit von allem Kfz-Verkehr. Wir drehen uns kurz um und haben noch einmal einen prächtigen Blick auf die Eiche. An dieser Stelle endet die Rautenverbindung (übrigens extra für diese Rundwanderung angelegt) und wir sehen unser vertrautes X wieder. Bis zum Ende der Wanderung verlassen wir den X 4 nicht mehr.

Wir erreichen ohne Mühe Burg Hülshoff, den Geburtsort der Dichterin. Hülshoff war neben Rüschhaus der Ort, an dem Annette zur „Stockwestfälin" wurde, die „den münsterischen Mond gelber fand als den schweizer". Wie unschwer zu erkennen ist, befinden wir uns auf einer Wasserburg, typisch westfälisch. Als Oberhof

Rechts: Eine Ruhebank mit einem passablen Schattenspender lädt zur Rast ein.

Seite 12: Die mächtige Eiche an der Hülshoffstraße ist ein Zeitzeuge.

„Zum Hülshof“ wurde sie im 11. Jahrhundert erstmals erwähnt. Eine weit über 500-jährige Familientradition gab ihr das Aussehen. Das heutige Herrenhaus ließ Heinrich I von Droste Hülshoff um 1540/1545 erbauen und hat die Form einer geschlossenen Renaissanceanlage.

Das Innere wurde am Ende des 18. Jahrhunderts umgebaut, wobei auch die Fenster die heutige Form erhielten. Angeschlossen ist eine im späten 19. Jahrhundert in neugotischem Stil erbaute Kapelle. Im Herrenhaus ist heute ein Museum. In Filzpantoffeln durchläuft der Gast mehrere Wohnräume, die teilweise noch bewohnt sind. Natürlich spielt das Leben der Annette im Museum eine herausragende Rolle. Ein wenig Zeit sollte der Besucher mitbringen, denn ihn erwartet eine 40-minütige Audio-Führung. Im Gewölbekeller ist das Restaurant untergebracht. Scheint die Sonne, kann man aber auch auf dem kopfsteingepflasterten Innenhof entspannen. Oder auf der großen Liegewiese mit ihren Sonnenliegen. Schließlich sollte man auch einen Blick in das Wildgehege werfen. Das Restaurant, das Museum und der Park sind von Mitte März bis Ende November täglich von 11 bis 18.30 Uhr geöffnet; der Zugang zum Park und zur Burganlage ist frei.

Rechts: Im Garten der Burg Hülshoff ist Annette auch noch einmal zu sehen.

Seite 14: Burg Hülshoff – hier wurde Annette zur Stockwestfälin.

Wollen wir zum Rüschhaus zurück, müssen wir wieder über die Allee bis zur Hohenholter Straße, auf der wir jetzt aber links abbiegen. Einige hundert unangenehme Meter müssen wir dieser Straße folgen. Wir überqueren die Aa und sehen ein noch ursprüngliches Stück Natur. Hier stand Beckfelds Mühle (erbaut 1599, 1957 abgebrannt), ein beliebtes Ziel bei Familienspaziergängen der Drostes. Genau diese Landschaft hat der jungen Dichterin früheste Eindrücke von Bruch- und Moorlandschaft vermittelt: „Ihr Kinder, haltet euch bei Haus, Lauft ja nicht in das Bruch hinaus" (Verse aus dem Heidemann). Uns zeigt sie sich nicht schaurig, sondern idyllisch, wenn in den Moorlachen die Nester der gelben Wasseriris blühen.

Hinter der Brücke heißt es rechts abbiegen. Bald wird der Weg zu einem grünen Baum- und Gebüschtunnel, der zu einer kleinen hölzernen Fußgängerbrücke über die Krumme Becke führt. Hier sind – im Gegensatz zur gepeinigten Aa – die natürlichen Bachschleifen und die alten Weiden des Ufers noch erhalten. Plötzlich tauchen wir wieder ein ins Sonnenlicht und gehen nach rechts. Wir folgen dem Feldweg und kommen erneut an die laute Hülshoffstraße. Diese überqueren wir und

Der Rundturm von Haus Vögeding.

biegen sofort links ab in den Schonebecker Weg. Bei einer überdachten Marienstatue zeigt uns das X den Weg nach rechts in die Straße „Haus Vögeding".

Der alte Edelsitz grüßt uns von weitem mit seinem mächtigen Rundturm. Die Nordwestseite des Hauses scheint die meiste Originalsubstanz zu haben, die Geschichte Haus Vögedings liegt ansonsten im Dunklen. In ein Turmfenster ist das Datum 1558 eingemeißelt, das einzige gesicherte Baudatum überhaupt. Auch Annette ging bei ihren Streifzügen häufig dorthin, sozusagen auf gute Nachbarschaft. Die war schon alleine darin begründet, dass sich die Häuser Hülshoff und Vögeding durch Sturmglocken auf den Dächern gegenseitig zu Hilfe riefen, wenn plündernde Soldaten in Sicht waren.

Am Ende der Straße genießen wir noch einmal den weiten Blick über das Aatal und biegen links ab. Wir erreichen – wenn wir wollen, erneut durch das Twerenfeld, sonst einfach geradeaus – über Hüerland die Rüschhausallee. Hinter uns liegen elf Kilometer hautnah erlebte Geschichte. Wir sind der berühmten westfälischen Dichterin so nah wir konnten gefolgt.

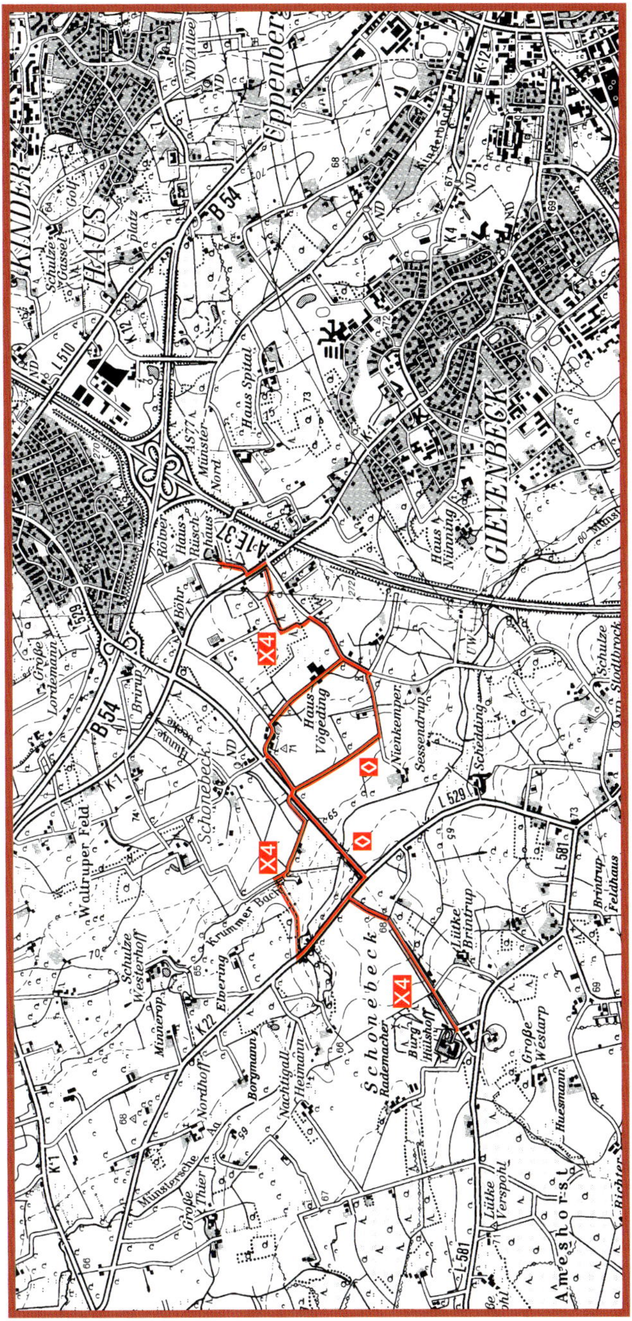
Gievenbeck
Haus Vögeding
Haus Spital
Burg Hülshoff
Schonebeck
Waltruper Feld
Krummer Bach
Nienkemper
Sessendrup
Schedding
Brintrup
Lütke Brintrup
Große Westarp
Huesmann
Rademacher
Nachtigall Heimann
Borgmann
Elvering
Schulze Westerhoff
Minnerop
Nordhoff
Große Thier
Münstersche Aa
Lütke Verspohl
Amelshorst
Große Lordemann
Böhr
Haus Rüschhaus
Haus Nünning
Uppenberg
Kinderhaus
B 54
A 1 E 37
L 529
L 581
K 1
K 22
X4

Römer

Rauf und runter im Tecklenburger Land

Eine Wanderung von Lengerich zum Luftkurort Tecklenburg

Gut gefrühstückt? Ja? Das ist dem Wanderer auch nur zu empfehlen, der diesem Tipp folgen möchte. Wir haben zwar nur eine Strecke von rund acht Kilometern zu bewältigen, aber immerhin 160 Höhenmeter. Es geht also rauf und runter. Aber es wartet im Tecklenburger Land ein richtig schönes Fleckchen Münsterland auf uns. Wir starten in Lengerich, gehen über den Hauptwanderweg X 18 des Westfälischen Heimatbundes, landen in Tecklenburg – und fahren mit dem Linienbus zurück.

Parken können wir (kostenlos) in Lengerich hinter dem Feuerwehrhaus an der Schulstraße. Wir gehen aber nicht zur Feuerwehr, sondern in die andere Richtung zu den Bahnschienen. Dort finden wir ein kleines Pättken, auf dem wir links zur Friedhofstraße gehen. Dort biegen wir rechts ab. Ein wenig Asphalt müssen wir anfänglich

- Länge: 8 Kilometer
- Streckenwanderung
- Hauptwanderweg X 18
- P Parkmöglichkeit hinter dem Feuerwehrhaus Lengerich (kostenlos)
- Einkehrmöglichkeiten: Restaurants und Cafés in Tecklenburg
- Rückkehr mit dem Linienbus (Haltestelle Tecklenburg Nähe Graf-Adolf-Gymnasium – Haltestelle Lengerich Feuerwehrhaus)
- i Fahrplaninformationen: www.westfalenbus.de, Tel.: 01803/504030 (kostenpflichtig)

Der Torhaus „Römer“ in Lengerich war bereits Rathaus, Schule und Gefängnis - heute ist es eine Gastwirtschaft.

in Kauf nehmen, denn wir folgen der Friedhofstraße, dem Linksbogen entlang und an der LWL-Klinik vorbei, bis zur Straße „Am Kleeberg". Dort biegen wir rechts ab. Zur Orientierung: Wir sehen dabei die Tennishalle.

Wenn wir in die Straße „Am Kleeberg" einbiegen, haben wir zwar schon etliche Höhenmeter erklommen, einige warten indes noch auf uns. Nach 400 Metern sehen wir links eine alte Kapelle und gehen durch den Torbogen. Es ist die alte Friedhofskapelle der Westfälischen Klinik. Angeregt durch den Lengericher Stadtmarketingverein „Offensive", mit tatkräftiger Unterstützung ihrer Mitglieder und des Heimatvereins Lengerich, wurde die Kapelle 1999 restauriert. Zuvor war sie in einem erbärmlichen Zustand – jetzt ist sie ein eingetragenes Baudenkmal. Am Himmelfahrtstag findet dort ein Gottesdienst im Freien statt.

Wir gehen durch den Torbogen bis zum Ende des alten Friedhofs, dann kurz rechts, um den Weg links zu erwandern, der die saftigen Wiesen vom Teutoburger Wald trennt. Wir können aber auch einen kurzen Abstecher zum ALVA-Skulpturenpark machen, der unterhalb des alten Friedhofs liegt. ALVA steht für „Ars Longa-Vita Aeterna" und bedeutet: „Die Kunst währt lang, das

Oben: Die alte Friedhofskapelle wurde liebevoll restauriert.
Seite 20: Das weiße X ist das Markenzeichen für Wanderer.

Leben ewig". Der Stadtmarketingverein hat damit ein Konzept verwirklicht, das eine Verbindung von Mensch und Kultur anstrebt – der Besucher soll sich den Kunstwerken öffnen, seinen Geist und Blick weit schweifen lassen. Der Skulpturenpark wächst noch immer. Als erstes Objekt entstand während der „Skulptur Biennale Münsterland 2001" das „Lengericher-Garden-Project"; der weltweit gefragte amerikanische Künstler Ronald Jones hatte es entwickelt.

Wir sind zurück auf unserem idyllischen Waldrand-Pättken und stehen an dessen Ende vor einem Zaun. Hier gehen wir bergauf in den dunklen Wald. Nach wenigen hundert Metern, noch vor Erreichen der Kuppe, öffnet sich uns links ein breiter Waldweg und wir sehen am Baum das erste X. Es steht für den Wanderweg X 18, der uns von nun an bis zum Ziel begleiten wird.

Wir kommen bald an die Aussichtsplattform oberhalb des „Canyon" mit seinem kristallklaren türkisfarbenen See. Der „Canyon" ist ein alter Steinbruch, der seinen Namen durchaus verdient und heute Naturschutzgebiet ist. Das Betreten ist absolut verboten. Aus guten Gründen, denn der Steinbruch bildet für viele Le-

Von dieser Gruft aus fällt der Blick auf den Mühlenteich.

bewesen ein wichtiges Rückzugsgebiet. Zum Beispiel für Steinkauz und Schleiereule, die in unserer intensiv genutzten Landschaft kaum noch existieren können. Dort finden sie geeignete Bruthöhlen, in denen sie ungestört brüten könnten – hätten nicht viel zu viele illegale Badegäste oder Camper den „Canyon“ für sich entdeckt.

Die Aussichtsplattform lässt uns bei klarem Himmel das gesamte Münsterland erspähen, bevor wir auf dem X 18 gen Westen weiterwandern. Bald wird es lauter – wir kommen der Autobahn 1 unüberhörbar näher. Der Waldweg endet ziemlich abrupt an der Tecklenburger Straße (L 504), die wir vorsichtig überqueren. Dieser vielbefahrenen Straße müssen wir der Not gehorchend ein paar Dutzend Meter bergab folgen, um dann rechts in das Pättken Strubberg einzubiegen. Wir unterqueren bald darauf die Autobahn A 1, sehen wieder grün und schlängeln uns den Berg hinauf; der Straßenlärm lässt nach.

Am Ende des Strubbergs kommen wir auf den asphaltierten Diepenbroickweg. Wir folgen dem X, biegen in den Lehmkuhlenweg ein und gehen sofort wieder rechts. Weiter geht es durch den Wald bis zur Kapelle von Haus Marck. Es ist die Grabstelle der Familie von Diepenbroick-Grüter, die Haus Marck bewohnt. Gerade im dichten Novembernebel können die beiden kleinen Gebäude schon für eine Gänsehaut sorgen, wenn sie plötzlich vor einem auftauchen.

Wir folgen dem X 18 weiter den Hügel hinab und gehen nach links Richtung Naturschutzzentrum Sägemühle. Es lohnt sich aber auch, einen Abstecher nach rechts zum Haus Marck einzuschieben. Der im 14. Jahrhundert erbaute Herrensitz ist mit einem Rittersaal ausgestattet, wie man ihn nur aus Historienfilmen kennt. Zudem beherbergt das Wasserschloss ein Privatarchiv mit Dokumenten, die bis in das Jahr 1320 zurückreichen.

Mit Haus Marck verbinden sich zwei bedeutsame Ereignisse. Zur Zeit des Dreißigjährigen Krieges fand dort 1643 eine Vorverhandlung zum Westfälischen Frieden statt. Fast 200 Jahre später wurde 1831 Friedrich von Bodelschwingh auf Haus Marck geboren. Als evangelischer Pfarrer übernahm er 1872 die Leitung und den

Haus Marck im Dunst eines Frühlingstages.

Der verträumte Bahnhof von Tecklenburg.

weiteren Ausbau der heute weltweit anerkannten Diakonieanstalten Bethel bei Bielefeld. Die Außenanlage ist jederzeit zu besichtigen, die Innenräume sind nur im Rahmen einer Führung zugänglich, die von April bis Oktober samstags um 10 und um 11 Uhr angeboten wird (Gruppenführungen sind auch zu anderen Tagen nach Vereinbarung unter 05482 / 9 71 59 möglich).

Zurück zum X 18 und dem Naturschutzzentrum Sägemühle. Früher herrschte dort reges Treiben, denn die zur Mühle gehörige Schankwirtschaft war ein beliebtes Ausflugsziel. Ebenso gefragt war der Mühlenteich, der 1905 zur Badeanstalt gekürt wurde. Auch heute herrscht an der Sägemühle Trubel – die hervorragend restaurierten und denkmalgeschützten Wohn- und Wirtschaftsgebäude werden als öffentliches Naturschutzzentrum der ANTL – Arbeitsgemeinschaft für Naturschutz Tecklenburger Land – genutzt, nebenan hat die Biologische Station des Kreises Steinfurt ihr Domizil. Es lohnt sich, auch einen Blick hinter das Wirtschaftsgebäude zu werfen. Dort ist das neue Mühlrad installiert; das alte steht im Garten zum Anfassen. Viele Schulklassen und die verschiedenen ANTL-Jugendgruppen beleben die Sägemühle, es gibt Veranstaltungen, Seminare, Vorträge. Außerdem einen Laden mit Bio-Produkten.

Wir verlassen das lauschige Plätzchen und gehen rechts an der Straße „Am Hülshof“ entlang. Dort, wo die Straße eine scharfe Rechtskurve beschreibt, gehen wir geradeaus, das ist die Straße „Auf dem Saatkamp“. Wir überqueren die Gleise der TWE, der Teutoburger Wald-Eisenbahn, auf der in den Sommermonaten der „Teuto-Express“ zu Ausflugsfahrten einlädt. Kleiner Exkurs für Freunde der qualmenden Dampfrösser: Meistens zieht die historische Dampflok 50 3655 (gebaut 1942 von Borsig) den Zug mit den perfekt restaurierten Personenwagen. Mit ihrer Leistung von rund 1760 PS fällt ihr das auf den Steigungen am Teutoburger Wald nicht schwer. Der Verein Eisenbahn-Tradition Lengerich betreibt diese Lok neben einigen anderen.

Jetzt wird es noch einmal richtig steil. Zusammen mit dem X 6 führt der X 18 auf den „Burgberg“. Durch schöne Gassen und vorbei an Fachwerk erreichen wir die Altstadt von Tecklenburg. Damit wäre unsere Wanderung beendet. Wenn, ja, wenn nicht der Luftkur- und

Die Legge in Tecklenburg. Das Torhaus von 1570 wurde 1660 zur Prüfanstalt für Leinen.

Blick von der Burgruine auf Tecklenburg.

Kneippkurort mit seinem historischen Marktplatz locken würde. Tecklenburg im Detail zu beschreiben, hieße Bücher zu füllen. Daher nur eine kurze Anmerkung: Im 17. Jahrhundert entwickelte sich der bis zu dieser Zeit von einer Wehrmauer umgebene Ort zu einer Bürgerstadt mit den noch heute das Stadtbild prägenden Ackerbürger-, Handwerker- und Honoratiorenhäusern. Etwa 45 Fachwerkhäuser aus dieser Zeit sind bis heute erhalten. Die 1654 errichtete Legge, Westfalens erste Prüfanstalt für Leinenprodukte, bezeugt die damalige Bedeutung der Leinenweberei für Tecklenburg. Die Grafen von Tecklenburg verlegten 1671 ihre Residenz nach Rheda, womit der langsame Verfall der Burganlage begann, die ab 1744 systematisch abgebrochen wurde. In den Resten ist heute eine große, überregional anerkannte Freilichtbühne beheimatet.

Wir suchen uns die Bushaltestelle am Graf-Adolf-Gymnasium und fahren mit dem Linienbus bis zur Haltestelle Feuerwehrhaus in Lengerich zurück.

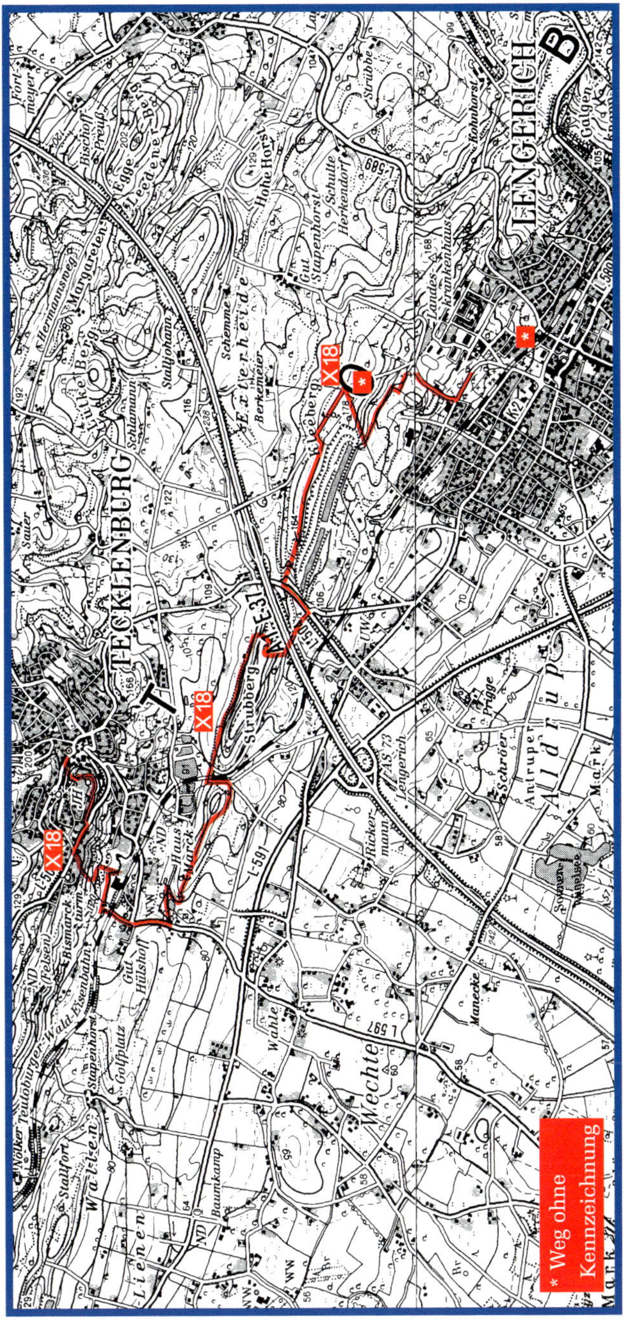
TECKLENBURG
LENGERICH
X 18
X 18
X 18
* Weg ohne Kennzeichnung
Strubberg
Wechte
Aldrup
Lienen
Gut Hilshoff
Golfplatz
Stapenhorst
Bismarck-turm
Teutoburger-Wald-Eisenbahn
Wahle
Manecke
Rickermann
Antruper
Schröer
Prigge
Landes-krankenhaus
Hohe Horst
Gut Stapenhorst
Schulte Herkendorf
Berkemeier
Stalljohann
Schlamann
Lütke Berg
Margareten-Egge
Leedener Berg
Hermannsweg
Haus Marck
Baumkamp
Stallfort
Sonnenwegsee
E 37
L 591
L 597
L 589
AS 73 Lengerich

Hermannshöhen
H

Mit dem Heiligen Ludgerus durchs Wilde Weddenfeld

Eine Wanderung rund um Rheine-Elte

War der Heilige Ludgerus (oder Liudger) in Elte? War er? War er nicht? Auch wir werden das nicht klären können. Dennoch: Auf unserem Wander-Tipp rund um Elte, einem 2300 Einwohner zählenden Ortsteil von Rheine im Kreis Steinfurt, stoßen wir alle paar Schritte auf den Heiligen Ludgerus. Auf einem Rundkurs absolvieren wir familienfreundliche sieben Kilometer.

Empfangen werden wir in Elte von der Ludgerus-Kirche. Die Schule ist benannt nach dem ersten Bischof von Münster (Amtszeit von 805 bis 809), der Kindergarten und die Ringstraße auch. Vor Beginn der Wanderung lohnt ein Blick in die kleine Pfarrkirche. Die 1683 erbaute Kirche gehört zur eigenartigen Gruppe der Bauten im Stil der „Nachgotik". Unser Blick schweift über die dicht beieinander stehenden Barockaltäre. Der Seitenaltar von 1684 macht deutlich, dass er ursprünglich als Hochaltar vorgesehen war. Das Mittelbild zeigt – wie könnte es anders sein – den heiligen Ludgerus, flankiert von den Apostelfürsten Petrus und Paulus. Ein weiteres Requisit barocker Kirchenausstattung ist der große Kronleuchter aus Messing. Aus der

- Länge: 7 Kilometer
- Rundwanderung
- Hauptwanderweg X 20, Hermannsweg, Hauptwanderweg X 7
- Parkmöglichkeit am Ludgerusring
- Einkehrmöglichkeiten: Zum Hellhügel, Rossweg; Splenterkotten, Ludgerusring

Der traditionsreiche Hermannsweg wird inzwischen auch unter der Marke „Hermannshöhen" beworben.

An der Ludgeruskirche startet die Wanderung.

Erbaungszeit stammt auch das fein gezeichnete Glasfenster mit den Wappen der Grafen von Steinfurt.

Jetzt konzentrieren wir uns auf den Wanderweg X 20 des Westfälischen Heimatbundes, der an der Kirche vorbei in nördliche Richtung führt. Wir passieren die Grundschule und stehen bald außerhalb der Bebauung. Der X 20 führt uns ins Auengebiet der Ems. „Gutes Schuhwerk ist angebracht in diesem herrlichen Stück Natur“, haben die Wegewarte zu diesem Abschnitt nicht ohne Grund angemerkt.

Wir überqueren die Bundesstraße 475 und verlassen nach 500 Metern den X 20, der übrigens auch mit dem E für Emsweg gekennzeichnet ist. Wir biegen nach rechts (östlich) ab und achten auf das H für Hermannsweg (Engbertsweg ist der Name dieser kleinen Straße). Das H zeigt uns erst einmal den Wegeverlauf.

Sollen wir ein Wörtchen über den Hermannsweg verlieren? Wir sollten. Er gilt als einer der schönsten Höhenwege Deutschlands und führt auf seinen 156 Kilometern durch zwei Naturparks und über den Kamm des Teutoburger Waldes. Mit vielen Sehenswürdigkeiten lädt er zu ausgedehnten Entdeckungstouren ein: Die Tecklenburger Altstadt will besucht werden, die

Dörenther Klippen, die Adlerwarte in Berlebeck, das Hermannsdenkmal oder die Externsteine.

Wir finden uns am Rande des „Wilden Weddenfeldes“ wieder. Dieses Naturschutzgebiet ist nahezu vollständig bewaldet. Neben Kiefernforsten prägen vor allem alte Kiefern-Mischwälder das Bild. Eingestreute Eichen, Birken und Wacholder, Lichtungen mit Heide oder Magerrasen und viel Totholz machen die Wälder zu einem wertvollen Lebensraum für viele Tier- und Pflanzenarten. Das Wilde Weddenfeld beherbergt auch Binnendünen. Dort fanden bis etwa 1950 sogar noch Sandverwehungen statt, Aufforstungen wurden immer wieder vom Sand überweht. Die endgültige Festlegung gelang erst in den 1960er-Jahren.

Am Ende des Waldgebietes stoßen wir an einer Wegespinne auf eine Kreuzwegstation und den Wanderweg X 7. Wir verlassen den Hermannsweg und gehen rechts (westlich) über den X 7 zurück in das schmucke Dörfchen Elte. Bevor wir uns gen Heimat aufmachen, stärken wir uns im Gasthaus „Zum Hellhügel“ oder im traditionsreichen „Splenterkotten“. Aber bitte gesittet, und nicht so, wie es unsere Vorfahren taten. In den Jah-

Vorbei geht es am Forellenhof.

Das Naturschutzgebiet „Wildes Weddenfeld" ist nahezu vollständig bewaldet.

ren 1760 und 1761 – während des Siebenjährigen Krieges – nämlich hatten sich im Splenterkotten englische und französische Soldaten sowie preußische Werber einquartiert; einige sogar mit Frau und Kind. Sie alle aßen und tranken auf Kosten des Dorfwirts. Und manches Mal musste er den ungebetenen Gästen sogar noch bares Geld dazugeben. Nett, nicht?

Obwohl das 1587 erstmals erwähnte Dorfgasthaus, das 1764 niederbrannte, oftmals umgebaut wurde, ist die Giebelseite mit dem Dielentor bis heute erhalten geblieben. Gestärkt mit Münsterländer Kalbstöttchen, hausgemachten Wurstspezialitäten wie Sülze oder Leber, mit Wurstebrot oder gekochtem Rindfleisch mit Zwiebelsauce geht es auf die Heimreise – mit dem guten Gefühl, wieder einmal ein wunderschönes Fleckchen Münsterland erwandert zu haben.

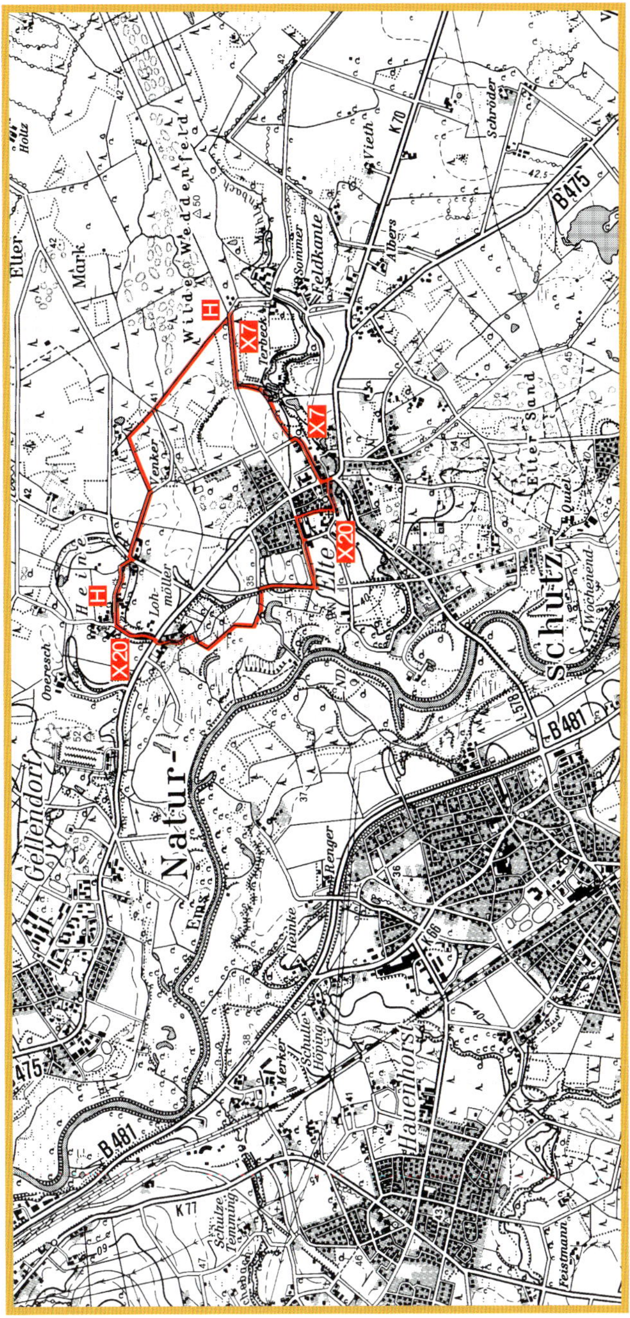
Elte
Natur-
Schutz-
Wilde Weddenfeld
Gellendorf
Hauenhorst
Heine
Elter Sand
Mark
Elter
Venker
Terbeck
Sommer
Feldkante
Albers
Vieth
Schröder
Holtz
Overesch
Lohmöller
Renger
Reinke
Merker
Schulte Höping
Schulze Temming
Feistmann
Wochenend-
Quiel
Ems
X7
X7
X20
X20
H
H
B475
B481
B481
K70
K77
K66
L578

DB
112 134-2

Von Bahnhof zu Bahnhof

Eine Wanderung von Greven nach Emsdetten

Mit diesem Wander-Tipp starten wir am Bahnhof in Greven und kommen nach etwa 20 Kilometer in Emsdetten am Bahnhof an. Und zurück geht es, na? Richtig, mit der Bahn. Wir nutzen die gut markierten Wanderwege X 24, X 6 und ein kurzes Stück den X 13.

Der Bahnhof in Greven liegt nahe der Emsbrücke in Richtung Nordwalde. Dort starten wir auf dem Hauptwanderweg X 24 durch den Bahntunnel, er führt uns durch das Naturschutzgebiet Gronenburg. Wir folgen dem X 24 weiter, gehen ein kleines Stück der Landstraße 555 entlang und wandern weiter gen Norden. Von dieser Landstraße an brauchen wir etwa drei Kilometer, um die Ausläufer des Grevener Ortsteiles Reckenfeld zu sehen.

Reckenfeld ist aus dem im Ersten Weltkrieg gebauten „Nahkampfmitteldepot Hembergen“ entstanden. Das Munitionsdepot bestand aus über 200 Munitionsschuppen, mehreren Verwaltungsgebäuden und

Am Bahnhof in Greven beginnt die Wanderung nach Emsdetten.

- Länge: 22 Kilometer
- Streckenwanderung
- Hauptwanderwege X 24, X 6, X 13
- Parkmöglichkeit am Grevener Bahnhof
- Einkehrmöglichkeit unterwegs: Lintel's Kotten, Emsdetten-Hollingen; Landgasthaus Budde-Heimann, Emsdetten-Ahlintel
- Rückkehr mit der Bahn (Bahnhof Emsdetten)
- Fahrplaninformationen: www.westfalenbus.de, Tel.: 01803/504030 (kostenpflichtig)

Umgebaute, bis heute bewohnte Munitionsschuppen, hier am Rosenweg in Reckenfeld.

einigen sonstigen Einrichtungen. Reckenfeld hat sich in den vergangenen Jahrzehnten durch weitere Wohngebiete enorm vergrößert, doch die Struktur eines in vier Bereiche gegliederten Munitionsdepots ist immer noch zu erkennen.

Zu erkennen sind im weiteren Verlauf des X 24 auch die Reste des Max-Clemens-Kanals. Das ist ein Schifffahrtskanal, der Münster und die Niederlande verbinden sollte. Sollte. Im Mai 1724 wurde unter Fürstbischof Clemens August von Wittelsbach der erste Spatenstich getan. Bis 1730 entstand ein 30 Kilometer langes Teilstück vom Neubrückentor in Münster bis zum Clemenshafen bei Rheine-Mesum. Weitere sechs Kilometer wurden von 1766 bis 1771 zwischen Wettringen und Neuenkirchen gebuddelt. Genutzt wurde der Kanal von 1731 bis 1840, richtig rentabel war er allerdings nie. Das Standardschiff für dieses Kanälchen war ein hölzerner Frachtkahn (Treckschute), drei Meter breit und 16,5 Meter lang. Zehn Tonnen konnte er bunkern und wurde von zwei Pferden gezogen – der Fachmann sagt dazu treideln. Und es gab ein Postschiff. Der Kanal bekam in der Mitte des 19. Jahrhunderts Konkurrenz durch die mittlerweile entstandenen Chausseen, außerdem litt er unter permanentem Wassermangel. Am 10. Februar 1840 fiel der Vorhang für den Max-Clemens-Kanal. Heute sind die Überbleibsel von wenig befahrenen Straßen begleitet und oft nur noch als Mulde erkennbar.

Der Wanderweg X 24 führt weiter durch die Brennheide, nimmt von links den X 13 auf (der dortige Grillplatz lädt zur Pause ein) und führt uns später über den Emsdettener Mühlenbach nahe der Gaststätte Lintels Kotten. Nach Überquerung der Nordwalder Straße führt der X 24 über den alten Postdamm, der früher Münster und Steinfurt verband. Zu beiden Seiten des Postdamms befindet sich der große Ahlinteler Esch. Er verfügt über eine höhergelegene Trockenlage mit Mutterboden, was reiche Erträge ermöglicht. Darunter liegt ein reiches Kiesvorkommen, das als Baumaterial nutzbar ist. Ein breiter Grundwasserstrom bietet gutes Trinkwasser – kein Wunder, dass sich dort schon früh Menschen ansiedelten, wie Funde belegen.

Der X 24 biegt alsbald rechts ab. Einen knappen Kilometer weiter kreuzen wir den Wanderweg X 6, der uns fortan zur Orientierung dient. Und wir sehen in der Bauerschaft Ahlintel die 1949 erbaute St.-Konrad-Kirche. Etwa 300 Meter von unserem Wanderweg entfernt lädt das Landgasthaus Budde-Heimann zur Einkehr ein. Auf dem weiteren Weg vom Ortskern Ahlintel zum Max-Clemens-Kanal finden wir das Kreuz von Hüls. Es trägt die Jahreszahl 1783 und ist wohl das älteste im Freien stehende Kreuz mit Holzfigur im Raum Emsdetten. Am Max-Clemens-Kanal treffen wir auf Spanings Bild. Es stellt eine Schutzmantel-Madonna dar; der 18-jährige Emsdettener Georg Schwarte schnitzte sie 1939. Gegenüber weisen knorrige Eichen den Weg zum stattlichen Hof Spaning.

Wir wandern weiter auf dem X 6 durch Deitmars Brook. Dieses Waldgebiet ist Teil einer großen Bruchlandschaft, die im Laufe der Zeit durch schmale Gräben entwässert und urbar gemacht wurde. Es ist ein Mischwald mit Eichen, Buchen, Birken und Fichten. Seltene Sumpfblumen, Farne und Moose weisen noch auf die ursprüngliche Landschaft hin. Wir überqueren den

Lauschig ist es am Groneburgweg.

Herzbach und folgen dem X 6 an der Kreisstraße 53 entlang nach rechts. In Emsdetten am Mühlenbach treffen wir auf den X 13, der uns nun links abbiegend zum Ziel führt.

Wir werfen in Emsdetten, bevor wir uns zum Bahnhof tummeln, noch einen Blick auf Deitmars Hof, der letzte von vier Urhöfen im damaligen Dorf Emsdetten, erstmalig 1185 erwähnt. Er wurde 1912 zu seiner heutigen Form umgebaut und 1956 von der Stadt erworben; der Heimatbund Emsdetten und der Kreisheimatbund sind dort vertreten. Rund um das Hauptgebäude ist eine Museumsinsel entstanden mit dem alten Hofspeicher aus dem 17. Jahrhundert, dem August-Holländer-Museum, einem Backhaus und dem wohl einmaligen Wannenmachermuseum. Baden können wir im Wannenmachermuseum allerdings nicht, denn die Emsdettener Wannen sind flache, aus Weiden geflochtene Körbe. Das alte Handwerk bestimmte Jahrhunderte lang das wirtschaftliche Leben des Ortes. Emsdetten war in Nordwestdeutschland einer der

Wer sagt, dass Kiefern immer gerade wachsen müssen?

wenigen Orte, in denen das Wannenmacherhandwerk ausgeübt wurde.

Der Emsdettener Bahnhof ist von hier aus in Griffweite, wir fahren zurück zum Startpunkt.

Der Bahnhof in Emsdetten ist Ziel der Wanderung.

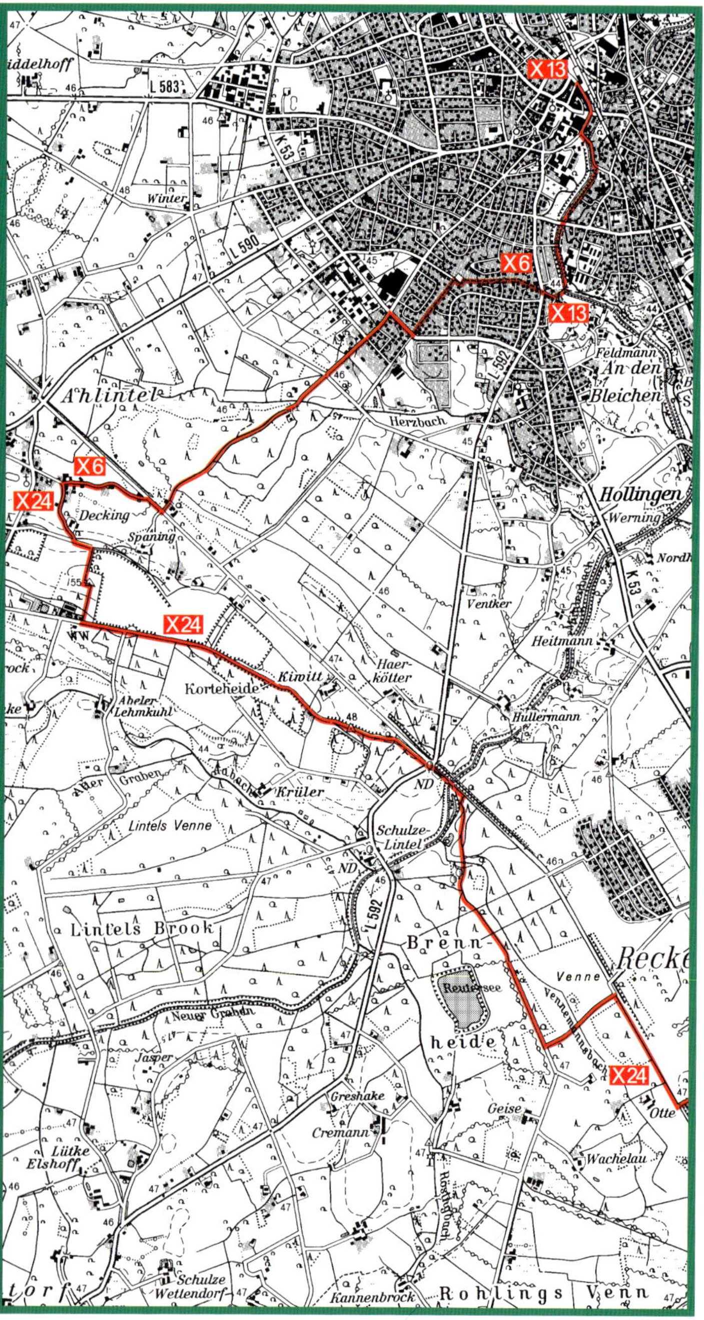
X13
X6
X13
X6
X24
X24
X24
L 583
L 590
K 53
L 592
Winter
Ahlintel
Herzbach
Feldmann
An den
Bleichen
Hollingen
Werning
Decking
Spaning
Ventker
Heitmann
Haer-
kötter
Kiwitt
Korteheide
Abeler
Lehmkuhl
Hullermann
Alter Graben
Krüler
Lintels Venne
Schulze-
Lintel
Lintels Brook
Brenn-
heide
Reutersee
Venne
Neuer Graben
Jasper
Greshake
Cremann
Geise
Otte
Wachelau
Lütke
Elshoff
Schulze
Wettendorf
Kannenbrock
Rohlings Venn

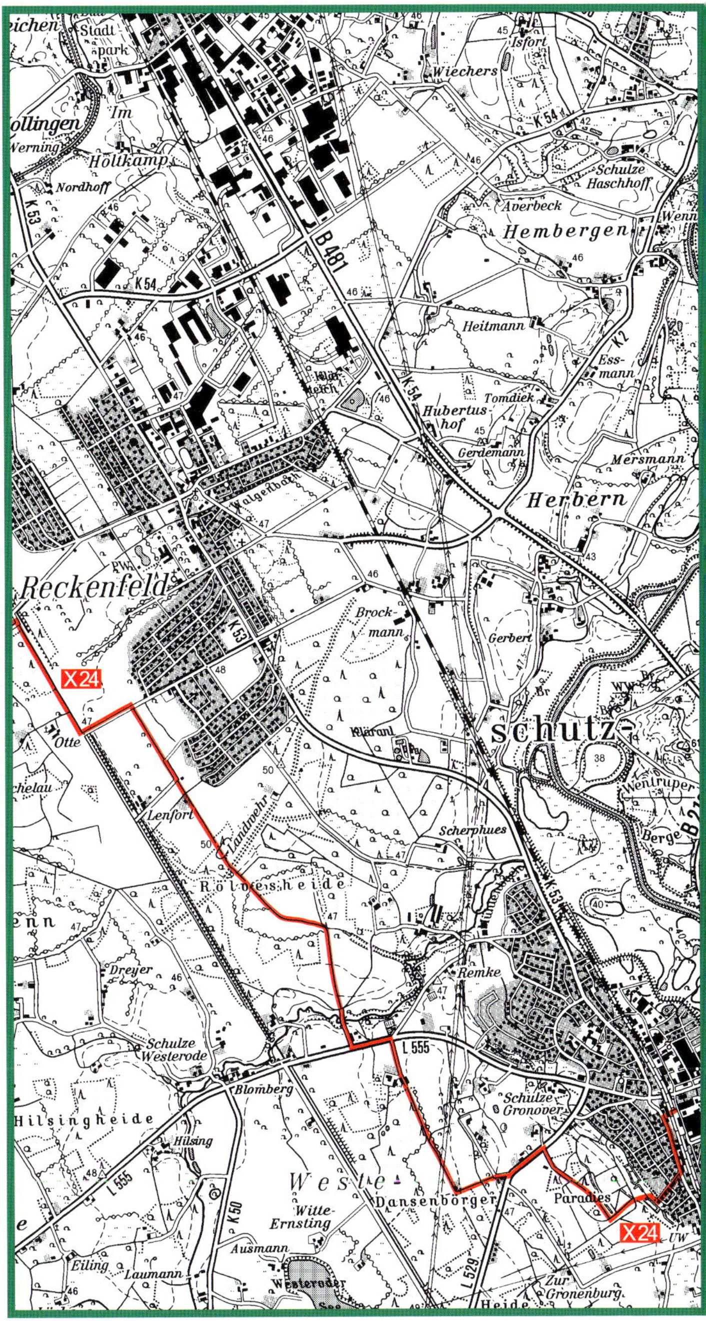
Stadt park
Im Holtkamp
Nordhoff
Wiechers
Isfort
Schulze Haschhoff
Averbeck
Hembergen
Heitmann
Essmann
Tomdiek
Hubertushof
Gerdemann
Mersmann
Herbern
Reckenfeld
Brockmann
Gerbert
X24
Otte
Lenfort
Landwehr
Kläranl
Scherphues
Rölleresheide
Remke
Dreyer
Schulze Westerode
Blomberg
Schulze Gronover
Hilsingheide
Hilsing
Dansenborger
Paradies
Witte-Ernsting
Ausmann
Eiling
Laumann
Westeroder
Zur Gronenburg
Wentruper Berge
B 481
K 53
K 54
L 555
K 50
L 529

Wo die Mystikerin Anna Katharina Emmerick geboren wurde

Eine Wanderung durch die Heide westlich von Coesfeld

Es zieht uns in die Heide, und zwar in die Coesfelder Heide bei diesem Wander-Tipp. Wir bieten freundlichst an: einen Rundwanderweg über etwa zehn Kilometer, der uns unter anderem zum Geburtshaus der Mystikerin Anna Katharina Emmerick führt. Wir berühren die Hauptwanderwege X 11 und X 4 des Westfälischen Heimatbundes.

Wir beginnen unsere Wanderung auf dem Parkplatz der Gaststätte „Heidekrug“ (Adresse: Goxel 37a), die an der Bundesstraße 525 westlich von Coesfeld liegt. Von diesem Parkplatz aus, an dem der Wanderweg X 11 vorbeiführt, überqueren wir die Bundesstraße in nördlicher Richtung. Bei der Grundschule Coesfeld-Goxel biegen wir mit dem X 11 rechts ab und gelangen über einen kleinen Feldweg in die Bauerschaft Stockum.

Nachdem wir an einem Bauernhof die Berkel überquert haben, gelangen wir zur Kreisstraße 46 und gehen rechts. Übrigens: Die Berkel entspringt im Stadtgebiet von Billerbeck. Ihre Quelle liegt am Fuß der Baumberge, von dort aus fließt ihr Wasser in westlicher Richtung über Coesfeld, Gescher und Stadtlohn nach Vreden.

Länge: 10 Kilometer
Rundwanderung
Hauptwanderwege X 11, X 4
Parkmöglichkeit an der Gaststätte Heidekrug
Einkehrmöglichkeit: Gaststätte Heidekrug, Goxel 37 a

Das Geburtshaus der Anna Katharina Emmerick in Coesfeld-Flamschen.

Die Coesfelder Heide: ein typisches Bild.

Die Berkel übertritt bei Vreden die deutsch-niederländische Grenze und fließt dann über Eibergen, Borculo, Lochem und Almen nach Zutphen. Sie mündet nach 110 Kilometern in die Ijssel.

Der Wanderweg biegt nach einem Kilometer links ab. Hier sagen wir „Auf Wiedersehen X 11“, denn wir bleiben auf der Kreisstraße. Etwa einhundert Meter nach dem auf der linken Seite stehenden Ehrenmal biegen wir links in die Straße „Am Weißen Kreuz“ ab. Mit dem Blick auf die Maschinenfabrik Thies erreichen wir die „Borkener Straße“, biegen links ab und gehen stadteinwärts. Nach rund 400 Metern geht es rechts in die Straße „Neumühle“. Vorbei an der Mühle gelangen wir über die Brücke auf den Wanderweg X 4 und folgen ihm nach rechts.

Nach gut einem Kilometer sehen wir das neue Coesfelder Pferdesportzentrum – ein Blick in die moderne Anlage lohnt sich. Nur wenige hundert Meter weiter stehen wir vor dem Geburtshaus der Mystikerin Anna Katharina Emmerick, die am 3. Oktober 2004 selig gesprochen wurde. Das Geburtshaus der Emmerick liegt in der Bauerschaft Flamschen. Die „Mystikerin des Münsterlandes“ (1774–1824) trat in das Augustinerinnenkloster in Dülmen ein und trug die Stigmen der Wundmale Christi. In den Augen ihrer zeitgenössischen Verehrer war sie eine Heilige. Der Dichter Clemens von Brentano, der jahrelang an ihrem Krankenbett weilte, zeichnete ihre Visionen auf und schrieb darüber ein umfangreiches Tagebuch, aus dem später „Das bittere Leiden unsers Herrn Jesu Christi“, das „Leben der hl. Jungfrau Maria“ und „Das Leben unseres Herrn und Heilands“ veröffentlicht wurden – durch diese Betrachtungsbücher ist Anna Katharina weltbekannt geworden. Wer das vom Emmerick-Verein getragene Geburtshaus auch von innen besichtigen möchte, sollte sich bei Familie Steens (Emmerickweg 20, 48653 Coesfeld, 02541/4461) anmelden.

Wir folgen weiter dem X 4 und kommen in die Coesfelder Heide. Zwischen Monenberg und Hünsberg gibt es zahllose Wege und Pfade. Das hügelige Sandgelände ist vornehmlich von Kiefern bestanden. Beinahe vergeblich wird der Besucher das vertraute Bild einer Heidelandschaft, wie es auch hier vor 50 Jahren

Die Hasenkapelle ist ein beliebtes Wanderziel im Heidegebiet Hünsberg.

Innenraum des Geburtshauses der Emmerick.

noch verbreitet war, suchen, denn in den vergangenen Jahrzehnten erfolgte die Wiederaufforstung des Gebietes. Nach etwa 500 Metern, nachdem wir die Asphaltstraße verlassen haben, treffen wir an einer Kreuzung einen „alten Bekannten" wieder, den Wanderweg X 11, nur wenige Meter vor der Hasenkapelle.

Diese Hasenkapelle ist ein beliebtes Wanderziel im Heidegebiet Hünsberg. Das Backsteinkapellchen mit restauriertem Kruzifix ist wahrscheinlich ein Werk des Bildhauers Rendeles. Am Steveder Landweg gelegen, war es früher Raststätte der Steveder Bauern, für die dieser Landweg die einzige Verbindung zur Stadt war.

Rechts ab geht es über den X 11 mitten durch das herrliche Heidegebiet. Vorbei am Heidesee verlassen wir nach einem weiteren Kilometer den Kiefernwald. Weiter durch die Bauerschaft Goxel passieren wir den kleinen, idyllisch gelegenen Friedhof und kommen zu unserem Ausgangspunkt zurück. Wie wäre es jetzt mit einer Stärkung? Der „Heidekrug" lädt gerne ein.

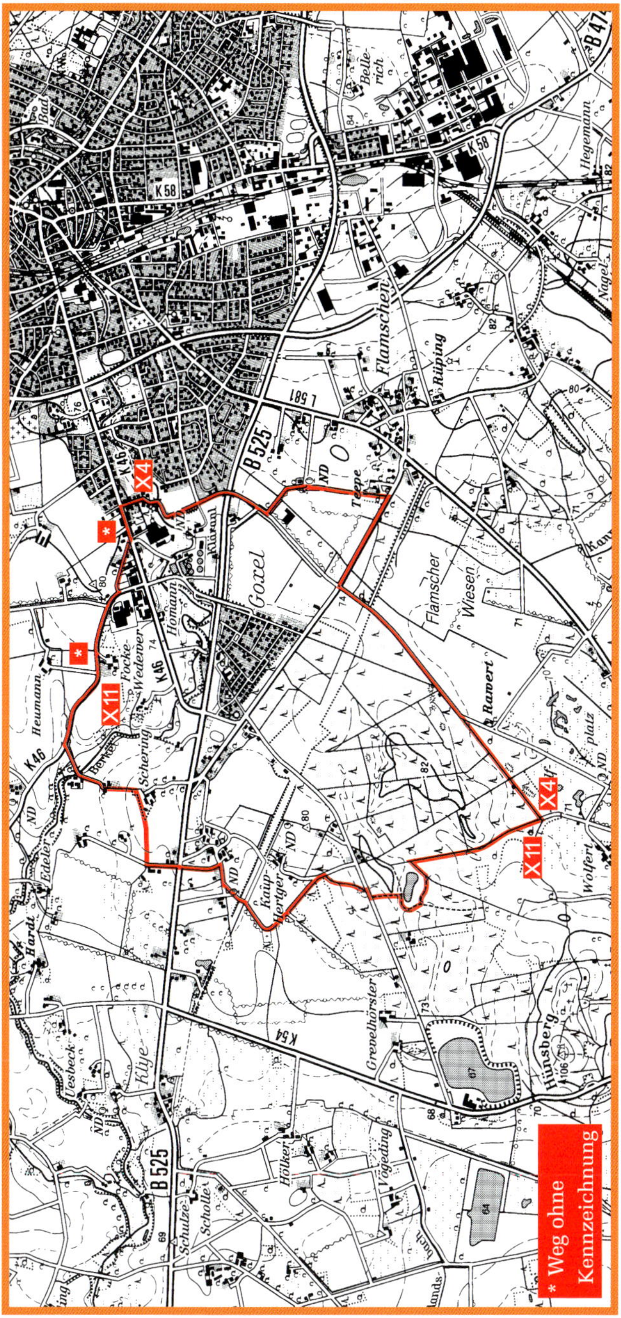
* Weg ohne Kennzeichnung
X4
X11
*
K 58
B 525
L 581
K 46
K 54
Goxel
Flamschen
Flamscher Wiesen
Rüping
Rawert
Hegemann
Belle-rich
Teepe
Homann
Focke-Wedewer
Schering
Heumann
Hardt
Uesbeck
Klye
Grevelhorster
Hünsberg
Wolfert
Vöseding
Hölker
Schulze
Scholle

rock n pop museum
sound, visi and exhibiti

Und am Ende besuchen wir Udo Lindenberg ...

Eine Wanderung von Gronau nach Ahaus

Dieser Wander-Tipp entführt uns in den Kreis Borken und setzt ein wenig Kondition voraus – 23 Kilometer wollen diesmal bewältigt werden. Wir beginnen unsere Wandertour in Gronau und beenden sie in Ahaus, zurück geht es mit der Bahn. Gewandert wird ausschließlich auf dem Hauptwanderweg X 10 des Westfälischen Heimatbundes.

Wir starten dort, wo auch der X 10 beginnt, nämlich in Gronau an der 1914 eingeweihten Antonius Kirche, ganz in der Nähe des Bahnhofs. Das mächtige Gotteshaus wurde nach den Plänen des Architekten Sunderplaßmann aus Münster in einem Stil erbaut, der neuromanische und neugotische Elemente vereinigt. Das Gotteshaus ist 56 Meter lang und 22 Meter breit, die beiden Türme haben eine Höhe von 46 Metern.

Ganz in der Nähe sehen wir auch das rock'n'pop-Museum. Sollten wir am Ende der Wanderung nach der Rückfahrt noch ein wenig Puste haben, dürfen wir uns

Länge: 23 Kilometer

Streckenwanderung

Hauptwanderweg X 10

Parkmöglichkeit am Gronauer Bahnhof

Einkehrmöglichkeit unterwegs: Gaststätte Zum Venn, Graser Brook 1a, Ahaus

Rückkehr mit der Bahn (ab Ahaus)

Fahrplaninformationen: www.westfalenbus.de, Tel.: 01803/504030 (kostenpflichtig)

Das rock'n'pop-Museum in Gronau: Hier wird eine spannende Zeitreise durch die Popmusik serviert.

Haus Hort bei Ahaus gehört zur Gemeinde Heek.

diese spannende Zeitreise durch die Popmusik des 20. Jahrhunderts – vom Gassenhauer bis zum Hip-Hop – nicht entgehen lassen. Musik hat unsere Gesellschaft verändert, und hier lernen wir, warum. Geöffnet ist das Museum mittwochs bis sonntags von 10 bis 18 Uhr.

Jetzt sollten wir uns sputen! Wir gehen über die Neustraße Richtung Innenstadt. Nach etwa 50 Metern biegen wir links ab und folgen dem Lauf der Dinkel, vorbei am Freibad und einem kleinen Tierpark genießen wir die schöne Wegstrecke. Nachdem wir rund sechs Kilometer geschafft haben, erreichen wir das Gut Flörbach. Es liegt in einem 18 Hektar großen Naturschutzgebiet gleichen Namens, das etliche Feuchtwiesen beherbergt. Unter Naturschutz stehen sie seit 1988.

Nach wenigen Metern auf der Landstraße 566 biegen wir links ab in die „Wacholderheide". Hier wandern wir über viele Millionen Kubikmetern Erdgas. Es wird hier nicht gefördert – nein, Erdgasvorkommen gibt es hier nicht. Aus den riesigen Kavernen, die heute als Gasspeicher dienen, wurde zuvor Salz mit einer ausgefeilten Ausspültechnik gewonnen. Mit dieser äußerlich unspektakulären, aber sehr effektiven Technik wurden und werden hier große Mengen Salz abgebaut, ohne dass dafür ein Bergwerk errichtet werden musste.

Der unscheinbare Kopf einer Salzbohrung.

Das Naturschutzgebiet Graeser Venn schließt sich an. Im Norden dieses 78 Hektar großen Gebietes findet der Wanderfreund hauptsächlich Birkenwälder, während er im Süden ausgedehnte Sumpf- und Feuchtheideflächen mit zahlreichen Gewässern genießen kann. Südlich des Graeser Venns treffen wir auf den Wanderweg X 6, der auf einer Länge von 110 Kilometern von Zwillbrock nach Tecklenburg führt. Etwa zehn Kilometer haben wir schon geschafft. Nach weiteren 2,5 Kilometern erreichen wir ein Gasthaus.

Drei Kilometer hinter dem Gasthaus „Zum Venn" treffen wir den Wanderweg X 8, der die Wanderer von Bad Bentheim nach Bislich führt (130 Kilometer); rund vier Kilometer verlaufen der X 10 und der X 8 nun gemeinsam. Unser Weg führt uns vorbei an Haus Horst, einem kleinen Renaissanceschloss auf dem Gemeindegebiet von Heek. Haus Horst, ursprünglich von der Familie von Keppel erbaut, wurde 1580 erstmals erwähnt; der Neubau des Herrenhauses war etwa 1665. Wir haben 19 Kilometer bewältigt.

Weiter dem X 10 folgend, treffen wir in Ahaus ein und kommen direkt am Bahnhof vorbei. Eigentlich ist unsere Wanderung hier zu Ende. Aber wer eigentlich sagt, hat eigentlich schon verloren. So gehen wir noch

Schloss Ahaus - oben die Ansicht der Westseite, unten ein Blick in den Innenhof.

ein paar Meter weiter und stehen bald vor dem Wahrzeichen der Stadt – dem Wasserschloss. Im Krieg nahezu zerstört, nach alten Plänen wieder errichtet, von

Meisterhand restauriert, erstrahlt die ehemalige Jagdresidenz der Fürstenbischöfe von Münster heute – zumindest äußerlich – in alter Pracht.

An der Stelle der heutigen Barockanlage stand bereits zu Beginn des 11. Jahrhunderts eine Burg. Im Auftrag des Fürstbischofs Friedrich Christian von Plettenberg erbaute der Kapuzinermönch Ambrosius von Oelde zwischen 1688 und 1695 das Jagdschloss. 1765 bis 1767 fügte der Barockbaumeister Johann Conrad Schlaun nach den Zerstörungen im Siebenjährigen Krieg in die Gartenfront einen Mittelrisalit mit großer Freitreppe ein. Im März 1945 wurde das Schloss durch einen Bombenangriff zerstört, die bis dahin noch erhaltene barocke Ausstattung der Räume verbrannte. Nach dem Kriege erwarb der Kreis die Ruine mit dem Ziel, das Gebäude wieder zu errichten und es dann als Bibliothek und Berufsschule zu nutzen; heute ist es Sitz der Technischen Akademie Ahaus.

Jetzt aber: Wir gehen zurück zum Bahnhof und fahren ganz bequem mit dem Zug zurück nach Gronau. Haben wir nach den erwanderten 23 Kilometern und der Zugfahrt noch Luft und Lust für einen Museumsbesuch, dann gehen wir in Gronau zum Udo-Lindenberg-Platz.

Im rock'n'pop-Museum in Gronau.

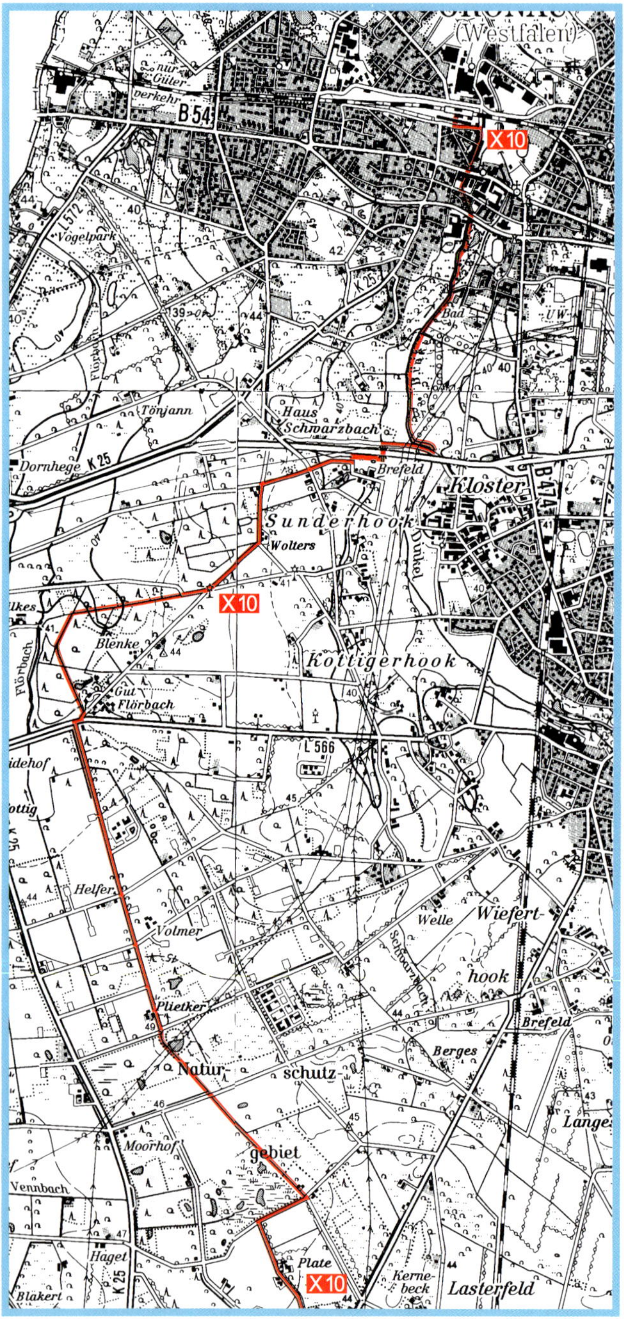
(Westfalen)
nur Güter-
verkehr
B 54
X 10
L 572
Vogelpark
40
42
K 25
139
44
Bad
UW
40 40
Flörbach
Tönjann
Haus
Schwarzbach
Dornhege
K 25
Brefeld
Kloster
B 474
Sunderhook
Wolters
Dinkel
41
X 10
Blenke
44
Kottigerhook
Gut
Flörbach
40
L 566
45
Helfer
Volmer
Welle
Wiefert-
hook
Schwarzbach
Pletker
49
44
Brefeld
Berges
Natur-
schutz-
gebiet
46
45
43
Lange
Moorhof
Vennbach
47
Haget
K 25
Plate
X 10
Kerne-
beck
Lasterfeld
Blakert

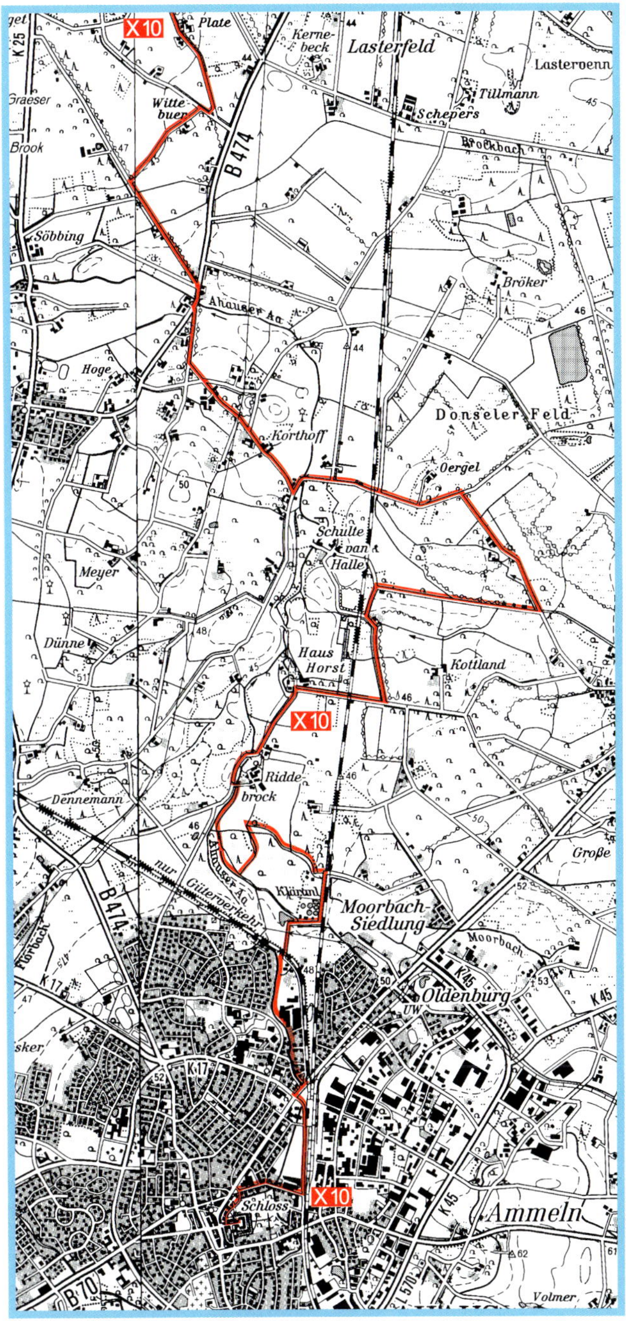
X10
Plate
Kerne-
beck
Lasterfeld
Lasterveen
Graeser
Witte-
buer
Tillmann
Schepers
Brook
B 474
Brockbach
Söbbing
Bröker
Ahauser Aa
Hoge
Donseler Feld
Korthoff
Oergel
Schulte
van
Halle
Meyer
Dünne
Haus
Horst
Kottland
X10
Ridde
brock
Dennemann
Große
nur Güterverkehr
Ahauser Aa
Kläranl.
Moorbach-
Siedlung
Moorbach
B 474
K 17
K 45
Oldenburg
K 45
K 17
Schloss
X10
Ammeln
K 45
Volmer
B 70
L 570

Ein venezianischer Traum mit einem recht unwestfälischen Eindruck

Eine Wanderung in den Norden von Rosendahl-Darfeld und zum Schloss

Dieser Wander-Tipp könnte auch als „Kleine Renaissance-Wanderung“ bezeichnet werden. Denn wir starten und landen am Renaissance-Schloss Darfeld. Bei diesem Rundkurs von knapp 13 Kilometern achten wir auf die Markierung der Hauptwanderwege X 11 und X 12 sowie auf die roten Pfeile.

Wir begeben uns also nach Rosendahl im Kreis Coesfeld, und zwar in den östlich gelegenen Ortsteil Darfeld – zwischen Westerberg und Schöppinger Berg in den nördlichen Baumbergen. Darfeld ist der kleinste der drei Hauptorte Rosendahls und erreicht ganz knapp die Einwohnerzahl von 3000. Nichtsdestotrotz hat Darfeld ein beachtenswertes Schloss sowie eine Sportanlage. Und dieses Sportgelände am westlichen Ortseingang nutzen wir als Startpunkt.

Wir überqueren die Landstraße und gelangen über die Lindenallee zum Schloss. Der Versuch, das auf zwei Inseln angelegte Wasserschloss zu besichtigen,

Länge: 13 Kilometer

Rundwanderung

Roter Pfeil für Radweg, Hauptwanderwege X 11, X 12

Parkmöglichkeit an der Sportanlage

Einkehrmöglichkeiten: Gasthaus Elfers, Restaurant Feldkamp, beide Darfelder Markt

Traum des Südens: Schloss Darfeld

Schloss Darfeld macht einen eher unwestfälischen Eindruck.

dürfte scheitern; für Besucher ist es dicht. Auch die Innenhöfe und der Garten sind nicht zugänglich.

Als „Traum des Südens“ oder als „venezianischer Traum“ wird die Anlage, die seit dem ausgehenden 17. Jahrhundert im Besitz der Grafen Droste zu Vischering ist, gern bezeichnet. In der Tat macht Schloss Darfeld einen recht unwestfälischen Eindruck. 1612 erteilte der damalige Besitzer Jobst von Vörden dem münsterischen Bildhauer Gerhard Gröninger den Auftrag zum Neubau eines Schlosses mit acht Flügeln, vier Türmen und Toren. Nur zwei Flügel wurden vollendet, zeigen aber, was gedacht war: zur Hofseite ein zweigeschossiger Galeriebau mit Bogenhallen aus Baumberger Sandstein, der an italienische Loggien erinnert.

Das heutige Herrenhaus (links) errichtete Hermann Schaedler Anfang des 20. Jahrhunderts im Neorenaissance-Stil. Übrigens: Ein kleines Meisterwerk Johann Conrad Schlauns versteckt sich im südlichen Teil des Schlossparks – die Antoinettenburg, ein reizendes Gartenhaus aus Backstein mit heller Werksteingliederung.

Jetzt wird aber gewandert! Vor dem Schloss gehen wir rechts, der rote Pfeil der Radwegroute zeigt die Wegeführung für das nächste Teilstück. Wir genießen den Weg durch und am Wald entlang und kommen nach etwa zwei Kilometer auf einen mit Betonsteinen gepflasterten Weg. Hier wandern wir rechts, immer weiter auf dem mit dem roten Pfeil gekennzeichneten Radweg, in Richtung Legden/Osterwick. Nach 600 Meter geht es links auf der Kreisstraße 36 weiter. Hier fällt uns der Schöppinger Berg ins Auge – weniger wegen seiner Höhe, nein, es ist der Windpark Schöppinger Berg. Neben einigen älteren Anlagen drehen sich hier seit 1995 mehr als ein Dutzend Windräder des Typs E-66 der Firma Enercon. Sie produzieren im jährlichen Mittel 58 Mio. kWh Strom, so viel wie (rechnerisch) etwa 14.500 Privathaushalte verbrauchen.

Nach 500 Meter biegen wir rechts ab und halten uns nach weiteren 500 Metern wieder rechts (roter Pfeil). Eine Bank, eingerahmt mit einer vor Wind schützenden Hecke, lädt zur Rast ein. Nach gut einem Kilometer kommen wir zu einer von der Gemeinde Rosendahl angelegten Gedenkstätte, die an ein altes Trappisten-Kloster erinnert. Es ist auch die Zelle für die Partnerschaft mit der

Die Gedenkstätte für das ehemalige Kloster der Trapisten.

Die Burloer Mühle liegt direkt am X 12.

Gemeinde Entrammes in Frankreich. 1815 löste ein ehemaliger Emigrant aus dem Darfelder Kloster, ein Adeliger aus der Stadt Laval, ein in Darfeld gegebenes Versprechen ein: Entrammes im Departement Mayenne wurde Standort des ersten in Frankreich wiederbelebten Klosters nach der Revolution. Der 21. Februar 1815 wurde Gründungstag des Klosters „Maison-Dieu de notre dame de Port-Du-Salut" – wiederbelebt für und durch Darfelder Mönche unter Prior Bernard De Girmont.

Wir folgen weiter dem roten Pfeil und kommen, etwa 500 Meter nach Überquerung der Landstraße 555, auf den X 11. Während sich der Radweg mit dem roten Pfeil nach links verabschiedet, folgen wir jetzt dem Hauptwanderweg, der geradeaus führt. Vorbei am Forsthaus Weersche geht es in die Bauerschaft Geitendorf.

Etwa 1.500 Meter, nachdem wir die Kreisstraße 37 hinter uns gelassen haben, stoßen wir auf die romantisch gelegene Burloer Mühle am X 12. Wir gehen rechts über die Brücke und kommen vorbei an Haus Burlo, ein ehemaliges Kloster. Der Wanderweg, der hier auf einem Teilstück parallel als X 11 und X 12 verläuft, führt uns auf einem herrlichen „Pättken" durch das Waldgebiet. Mitten in diesem Waldgebiet biegt der X 11 links ab.

Wir indes gehen geradeaus auf dem X 12, der uns – vorbei an dem Gelände des Reit- und Fahrvereins Darfeld – zu unserem Ausgangspunkt an der Sportanlage in Darfeld führt.

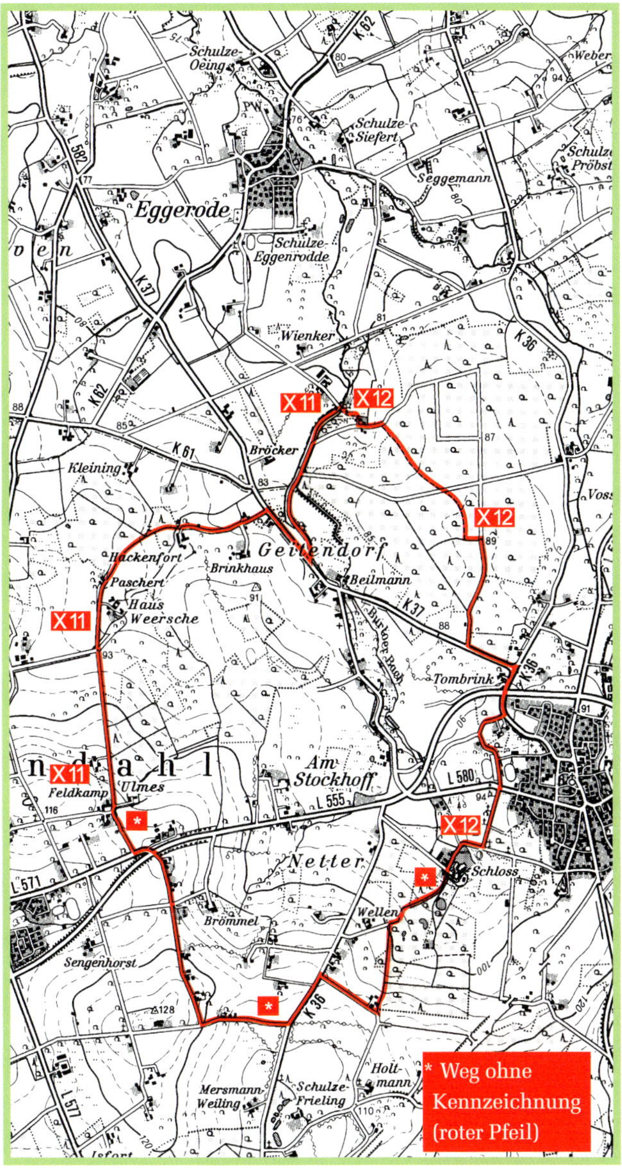

Suderwick
Stadt Bocholt
Dinxperlo

Mit dem einen Bein in Deutschland, mit dem anderen in den Niederlanden

Eine Wanderung von Bocholt-Suderwick nach Dinxperlo und zurück

Grenzen sind Kindern nur schwer zu vermitteln. Nicht die in Erziehungsfragen – die sowieso. Staatsgrenzen sind für Kinder in unserem vereinigten Europa eher abstrakt – von den früheren innerdeutschen ganz zu schweigen. Bei diesem Wander-Tipp kann die Familie versuchen, ihren Kindern direkt vor Ort eine Grenze zu zeigen – so, wie sie früher war mit Schlagbaum und Zaun, und so, wie sie heute ist, freitippelnd von einer Straßenseite zur anderen. Möglich ist dies in Suderwick (ein Stadtteil von Bocholt) und Dinxperlo (fühlbar direkt nebenan in den Niederlanden). Wir begeben uns auf grenzüberschreitende Wege auf einem Rundwanderweg mit einer Länge von 15 Kilometern und folgen erst einmal der Raute, später dem X 4, kurz danach wieder der Raute bis zum Ziel.

Start und Ziel dieser Wanderung ist die evangelische Kirche in Bocholt-Suderwick, direkt am Dorfplatz

- Länge: 15 Kilometer
- Rundwanderung
- Rautenweg, Hauptwanderweg X 4
- Parkmöglichkeit: an der Kirche
- Einkehrmöglichkeiten unterwegs: Lunchroom Wapen Van Oldenburg, Markt 1/5, Dinxperlo; am Ende: Gaststätte Schmeink, Sporker Straße

Suderwick und Dinxperlo gehen ineinander über, nur die Beschilderungen zeigen den Übergang.

gelegen, ein 1877 erbauter Backsteinsaal. Auf dem Dorfplatz sehen wir 1996 geschaffene Bronzefiguren, die auf humorvoll-nachdenkliche Weise an die Zeiten erinnern, in denen in Suderwick und Umgebung der Schmuggel blühte. Die Schmuggler schauen sich vorsichtig um; etwa 100 Meter weiter steht ein Zöllner, der ein Fernglas auf die Gruppe richtet. Doch wer genau hinschaut, entdeckt schnell, dass er das Fernglas falsch herum hält. Auch die Zöllner hatten Verständnis für die Alltagsnöte der Menschen.

Wir starten, die Kirche im Rücken, nach rechts Richtung Westen und folgen der Raute. Einen Steinwurf weiter, gegenüber dem Eckgebäude, an dem Sporker Straße und Keupenstraat spitzwinklig zusammenlaufen, stand das Zollamt, in dem von 1963 an rund 30 Jahre lang die Zollformalitäten erledigt wurden.

Die Grenze zwischen Suderwick und Dinxperlo verläuft mitten über die Dorfstraße, exakt an der Bordsteinkante entlang. Die deutsche Seite heißt Hellweg, die niederländische Heelweg. Der Fußgänger ist in Deutschland, die Autofahrer sind in den Niederlanden. An diesem Straßenstück ist das Seniorenheim „Bültenhaus“ auf deutscher und niederländischer Seite gebaut worden. Die beiden Häuser sind verbunden durch einen Gang, der über die Straße führt. Europaweit bis-

Seite 64: Die Schmuggler schauten sich vorsichtig um ...

... und die Zöllner hatten Verständnis für die Nöte der Menschen (rechts).

lang einmalig können Menschen länderübergreifend gepflegt und versorgt werden.

Dort, wo vom Hellweg die Kwikkelstraat ins Zentrum von Dinxperlo leitet, liegt auf der linken Seite die unauffällig wirkende, katholische St. Michael-Kirche, die aber voller innerer Werte steckt. Ihre Geschichte reicht zurück bis in die Zeit der Reformation.

Am Dinxperloer Marktplatz ist in einem alten Fachwerkhaus das Grenzlandmuseum untergebracht – es ist übrigens mit Baujahr 1787 das älteste erhaltene Gebäude Dinxperlos. Die Ausstellung geht insbesondere darauf ein, dass es schon etwas Besonderes war und ist, eine Grenze mitten in einem geschlossenen Wohngebiet zu haben. 63 Zollbeamte waren hier zeitweise stationiert. Es zeigt aber auch den früheren Schleichhandel mit vielen Schmuggeltricks sowie eine Übersicht von Dingen, die mit dem Zoll zu tun haben. Ferner beschlagnahmte Waffen, Rauschgift, Notgeld und Fotos. Der Schlagbaum vor dem Museum tat übrigens seinen Dienst am Zollamt Dinxperlo-West – Brüggenhütte. All das gehört seit dem 1. Januar 1993 der Vergangenheit an. Öffnungszeiten des Museums: April bis Oktober, dienstags bis samstags von 14 bis 17 Uhr. Gruppen können das Museum auch außerhalb dieser Zeiten besuchen (Anmeldung erbeten unter 02874/585).

Das grenzüberschreitende Seniorenhaus am Heelweg (bzw. Hellweg) ist mit einer Brücke verbunden. Die Mülltonnen stehen in Deutschland, die Radfahrerin fährt in den Niederlanden.

Schräg gegenüber vom Museum steht die „Nederlands Hervormde Kerk“. Jeden Freitag ist dort bunter Wochenmarkt, der viele Besucher – sogar aus dem Ruhrgebiet – anlockt. Das Glockenspiel der Kirche von 1993 besteht aus 50 einzelnen Glocken, die genau aufeinander abgestimmt sind.

Wir folgen weiter der Raute und sind nach kurzer Zeit, vermutlich ohne es zu merken, wieder auf deutschem Boden. Nachdem wir die Dinxperloer Straße und den Holtwicker Bach (Bäke) überquert haben, erwartet uns eine außergewöhnliche Wanderhütte, die auf besondere Weise überdacht ist: Der Strohbarg. Er diente früher als Lager für Stroh und ungedroschenes Getreide.

Am Ende des Rautenwegs stoßen wir auf den Hauptwanderweg X 4, dem wir nach links folgen. Es geht an der Aa entlang zum knapp 50 Hektar großen Feuchtwiesengebiet Suderwicker Venn; es wurde 1988 zum Naturschutzgebiet erklärt. Als Brutbiotop aber auch als Nahrungs- und Rastbiotop für durchziehende Vö-

Das „Grenslandmuseum" befindet sich in einem Fachwerkhaus am Marktplatz in Dinxperlo.

gel gehört es zu einem Netz von Feuchtwiesengebieten zwischen Niederrhein und Westmünsterland, die zwischen 1985 und 1989 unter Schutz gestellt wurden. In der Brutzeit von März bis Ende Juni ist das Betreten der entsprechenden Flächen nicht erlaubt – logisch. Vom Weg aus haben wir aber die Möglichkeit, mit einem Feldstecher die Charaktervögel – Brachvogel, Kiebitz und Uferschnepfe – zu beobachten.

Es geht weiter über die Aa-Promenade bis zur Demmingbrücke; der malerischste Abschnitt der Wanderung. Wir finden in Höhe der Brücke die Raute, mit der wir nach links den Wanderweg X 4 verlassen. Es geht gen Norden, nach rechts am Holtwicker Bach entlang, und im Zickzack bis zum „Elf-Apostel-Weg". Dieser Weg, der das Suderwicker Feld am Hahnenpatt mit Spork verbindet, verdankt seinen Namen nicht elf biblischen Menschen, sondern zwölf Buchen, die früher hier aufgereiht waren. Elf Apostel? Zwölf Buchen? Einer dieser Apostel wurde vor Urzeiten durch ein Unwetter zerstört, da waren's nur noch elf.

Wir wandern weiter zum Euregio-Grenzübergang bei Hof Wassink. Die Grenze wird nicht von der Brücke über den breiten Graben gebildet, sondern von dem schmalen Steg, den wir erst erreichen, wenn wir über den Pfad zwischen den Grundstücken und am Wall entlang wieder Richtung Norden schwenken. Eine bescheidenere Grenze als diese ist wohl kaum vorstellbar.

Am Hinweisschild „Duitsland“ biegen wir links in den Hagtweg ein, der uns einige hundert Meter über Aaltener Gebiet nach Dinxperlo führt, wo der gleiche Weg plötzlich einen anderen Namen trägt, der an die alte Flurbezeichnung „Am Boesfeld“ erinnert. Dort befindet sich auch die winterliche Attraktion Dinxperlos, eine Natureisbahn.

Über Gras- und Sandwege führt der Weg in den kleinen Park „Welinks Bos“. Wir verlassen das Dinxperloer Gebiet um den kleinen Wald Welinks Bos, passieren den Aaltense Weg und gehen am Ortsrand entlang auf der Keupenstraat zum Ausgangspunkt zurück. Hier haben wir die gleiche Grenzsituation wie zu Beginn unserer Wanderung. Am östlichen Feldrand sehen wir in regelmäßigen Abständen die Grenzsteine, die dort schon seit dem 18. Jahrhundert die Staatsgrenze markieren.

Ein Grenzstein aus dem Jahr 1766 in Dinxperlo – links das Wappen des Fürstbistums Münster (später Preußen bzw. Deutschland), rechts das Wappen der vereinigten Niederlande.

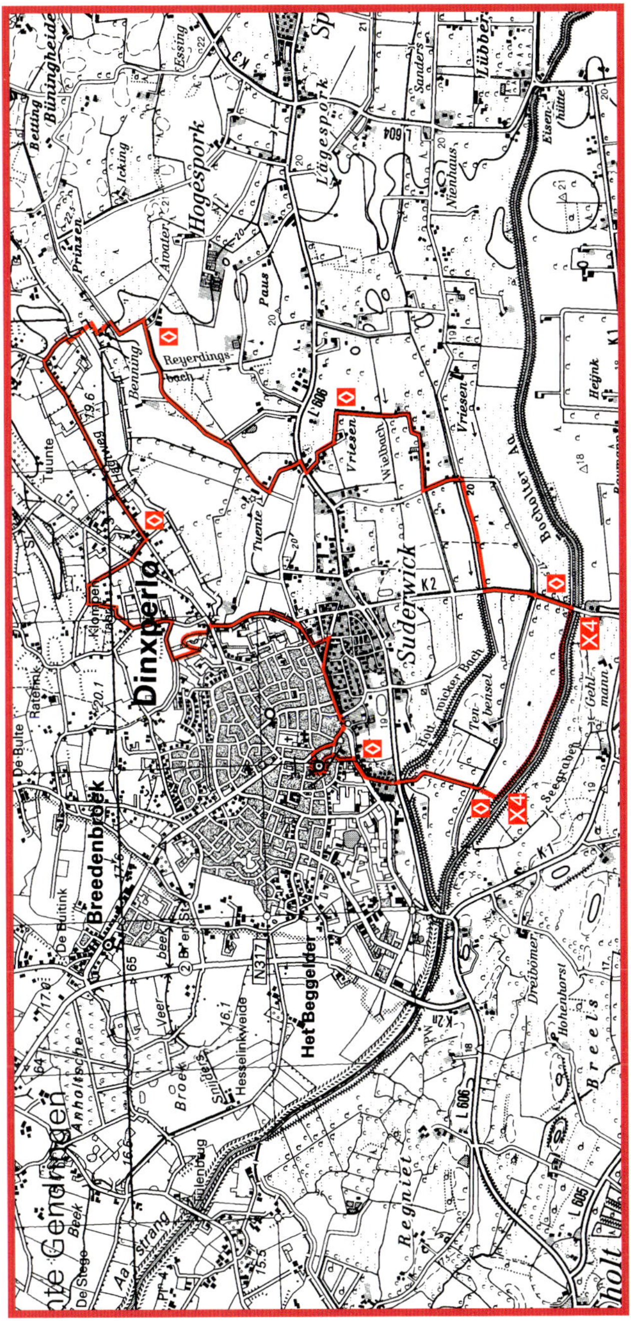
Dinxperlo
Suderwick
Breedenbroek
Het Beggelder
Hogespork
Lägespork
Büningheide
Betting
Icking
Essing
Prinzen
Awater
Paus
Reyerdings-
bach
Benning
Tuunte
Hagweg
Vriesen
Wielbach
Nienhaus
Sanders
Lübber
Eisen-
hütte
Heijnk
Bocholter Aa
K2
K1
K3
L 606
L604
L 605
N317
X4
Holtwicker Bach
Ten-
bensel
Gehl-
mann
Seegraben
Dreibömer
Hohenhorst
Breels
Regniet
Hesselinkweide
Snijders
Broek
Veer
beek
De Buitink
De Bulte
Ratelink
Anholtsche
Beek
Strang
Aa
De Stege
Klompen-
fabr.

Who's that G?!
GRÜN
Grün!

Für diejenigen, die Münster nicht verlassen wollen

Eine Wanderung von Münster-Zentrum nach Amelsbüren

Es soll ja Münsteraner geben, die ihre Stadt so „jovel" finden, dass sie sie nur ungern verlassen. Ihnen ist dieser Wander-Tipp gewidmet. Denn wir wandern von Münsters Zentrum nicht weiter als bis zum südlichen Stadtteil Amelsbüren. 14 Kilometer gilt es zu bewältigen. Zurück zum Startpunkt geht es entweder mit der Bahn oder mit der Stadtbuslinie 1, die am Hauptbahnhof in Münster hält. Wir bleiben bei dieser Wanderung ausschließlich auf dem Hauptwanderweg X 14 des Westfälischen Heimatbundes.

Doch zu Beginn wird noch nicht gewandert, es wird promeniert. Denn der X 14 startet auf Münsters Promenade an der Windthorststraße, dort links einbiegen. Das weiße X, das Markenzeichen der Wanderwege, führt uns entlang des „Fahrradhighways", wie die Promenade gern genannt wird.

- Länge: 14 Kilometer
- Streckenwanderung
- Hauptwanderweg X 14
- Parkmöglichkeit: Parkhäuser Bremer Platz, Bahnhofstraße oder Engelenschanze
- Einkehrmöglichkeiten: Gasthaus Wittlerbaum, Davertstraße; Gasthof Hummelt, Deermannstraße, Amelsbüren
- Rückkehr mit Bus oder Bahn (ab Amelsbüren)
- Fahrplaninformationen: www.westfalenbus.de, Tel.: 01803/504030 (kostenpflichtig)

Die Kugeln am Aasee sind ein allseits beliebter Treffpunkt – leider auch für Sprayer.

Die Promenade in Münster nimmt mehrere Wanderwege auf.

Am besten gehen wir auf den teilweise mit Rindenmulch ausgelegten Rändern, dort lassen sich Kollisionen mit den allgegenwärtigen Radfahrern am sichersten vermeiden.

Der Verlauf der Promenade folgt der ehemaligen Stadtbefestigung, die in der zweiten Hälfte des 18. Jahrhunderts weichen musste. Zum Grüngürtel sollte sie umgestaltet werden – und den Auftrag bekam kein anderer als Johann Conrad Schlaun. Der verlieh diesem Grüngürtel seinen Alleencharakter. 1920 war dann jedoch ein radikaler Kahlschlag angesagt, da sich ein Pilz bei den Ulmen breitmachte. Wichtigster Promenadenbaum ist seitdem die robuste Silberlinde. Mit dem X 14 biegen wir links ab Richtung Aasee.

Dieses Fleckchen, übrigens als schönster Park Europas gekürt, gehört für viele zu Münster einfach dazu. Dabei ist dieser See ein vergleichsweise junges Wahrzeichen. Erst 1934 wurde die Idee verwirklicht, die schon 50 Jahre zuvor ein Mann hatte, der wie kaum ein anderer diesen Teil Münsters geprägt hat. Der „unwiese Professor“ Hermann Landois (1835–1905) hat sowohl als Naturwissenschaftler wie auch als Unikum für Furore gesorgt. Es war sein Vorschlag, die Aa nach dem Vorbild der Hamburger Binnenalster anzustauen. Der erste Spatenstich erfolgte schon 1913, aber wegen des Ersten Weltkriegs ruhten dann die Arbeiten und wurden erst zwölf Jahre später wieder aufgenommen. Zwischen 1972 und 1976 wurde der Aasee südlich der Torminbrücke noch einmal erweitert.

Wir folgen dem weißen X 14 zunächst entlang des Modersohnwegs am östlichen Ufer. Der Name des Wegs erinnert an den Maler Otto Modersohn (1865–1943), der unter anderem in Münster lebte und die Landschaft an der Aa in vielen Bildern festgehalten hat. Einige von ihnen sind auf Hinweistafeln zu sehen.

Auf der 1989 neu erbauten Torminbrücke wechseln wir von der östlichen auf die westliche Seite des Sees. Wie erwähnt ist der Aasee ein künstliches Gewässer, daher hat er kaum naturnahe Uferstrukturen. Trotzdem hat er Bedeutung für Wasservögel – gerade im Winter tummeln sich dort verschiedene Enten- und Rallenarten, zudem ist der Aasee Schlafplatz für Möwen. Ein regelmäßiger Brutvogel ist der elegante Haubentaucher.

Auf der Sentruper Höhe passieren wir das Mühlenhof-Freilichtmuseum mit seinen rund 30 historischen Gebäuden; auch das nah gelegene Naturkundemuseum lohnt einen Besuch. Und wir kommen am Allwetterzoo vorbei, der an dieser Stelle am 2. Mai 1974 eingeweiht wurde – der ursprüngliche Zoo von 1875, ebenfalls ein Kind des rührigen Professors Londois, war dort, wo sich heute die LBS in den Himmel reckt.

Wir erreichen Haus Kump, eine der ältesten Hofanlagen Münsters. Die Ursprünge lassen sich bis zum ausgehenden 9. Jahrhundert zurückverfolgen. Schmuckstück ist der wahrscheinlich 1549 erbaute Speicher, der nicht nur das älteste erhaltene bäuerliche Gebäude Münsters ist, sondern auch durch eine außergewöhnliche Architektur überrascht. Zwei vorkragende Geschosse verleihen dem Gebäude eine Form, die an einen Pilz erinnert. Eine weitere Besonderheit ist die hölzerne Außentreppe, die sich über drei Stockwerke erstreckt.

Haus Kump: Eine der ältesten Hofanlagen Münsters.

Bevor der X 14 sich in dichter besiedelte Bereiche begibt, geht es noch einmal über die Aa. Wir sehen hier eine abwechselungsreiche Flusslandschaft, bei der der Mensch jedoch kräftig mitgeholfen hat. Noch 1995 floss die Aa schnurgerade, dann gab die Stadt Münster eine Auenlandschaft in Auftrag. Mit Erfolg! Röhrichte und Hochstaudenfluren, Frösche und Libellen sorgen für eine Artenvielfalt, die die Aa auf ihrem Lauf von
den Quellgebieten in den Baumbergen bis zur Mündung in die Ems bei Greven sonst kaum noch zu bieten hat. Im Jahreslauf sehen wir Graureiher und Kormorane, mal eine Bekassine oder einen Waldwasserläufer.

Mit zwei stattlichen Höfen begrüßt uns Mecklenbeck. Namensgeber dieses Stadtteils ist der Meckelbach, der kurz vor Haus Kump in die Aa mündet. Hof Hesselmann, auf den wir etwas später treffen – einer der ältesten Höfe der Mecklenbecker Reihe, die schon im 13. Jahrhundert aus 13 Höfen bestand – ist heute Bürgerzentrum und sozialer Mittelpunkt des stark zerschnittenen Stadtteils. Eine Schautafel erläutert die Geschichte. Eine weitere Schautafel wenige Meter weiter findet sich an einem unscheinbaren Graben. Von vielen achtlos überquert, ist er doch ein bedeutendes Bodendenkmal – mehr wird nicht verraten. Den Hintergrund erläutert eben diese Tafel. Hinwandern.

Nach Überquerung der Bundesstraße kommen wir wieder in ruhigere Gefilde. Wir betreten die ersten Ausläufer der Davert. Die Davert liegt im zentralen Münsterland, im Grenzbereich der Kreise Warendorf und Coesfeld und der Stadt Münster. Noch um 1800 war sie eine kaum erschlossene, sumpfige und waldarme Moor- und Heidelandschaft. In den folgenden Jahrzehnten wurde durch umfangreiche Aufforstungsmaßnahmen die Anlage von Wegen und zahllosen Entwässerungsgräben der Grundstock für das heutige Landschaftsbild gelegt. Mit etwa 2.500 Hektar Waldfläche zählt die Davert heute zu den größten Waldgebieten der Westfälischen Bucht. Es handelt sich jedoch nicht um einen zusammenhängenden Wald, vielmehr besteht die Davert aus mehreren ausgedehnten, miteinander verbundenen Waldflächen. Gerade diese enge Verzahnung des Waldes mit der für das Münsterland typischen „Parklandschaft“ macht den Reiz der Davert aus. Neben der Größe ist es die Vielfalt an unterschiedlichen Waldlebensräumen, die an der Davert fasziniert, die übrigens FFH-Gebiet ist.

Wir erreichen Haus Loevelingloh, ein bedeutender Gräftenhof. Die Gräfte fällt zwar im Sommer oft trocken, sie bietet der Fauna aber trotzdem eine Heimat. Eine

Stattliche Höfe und stattliche Eichen.

Haus Loevingloh: Obwohl die Gräfte öfter austrocknet, bietet sie der Fauna eine Heimat.

mächtige Blutbuche versperrt im Sommer ein wenig den Blick auf das schöne Gebäude. Dass es sich um einen repräsentativen Bau handelt, zeigt die Allee aus stattlichen Eichen.

Für wenige Meter wandern wir nun über eine Straße, die eine der ältesten Fernverbindungen von Münster aus in Richtung Süden war. Einen typischen Ausschnitt der Parklandschaft des Münsterlandes durchwandern wir anschließend. Die Landschaft ist durch Hecken, Ufergehölze und kleinere Waldstücke eng „gekammert", wie der Fachmann sagt. Bevor wir unser Ziel Amelsbüren erreichen, überqueren wir den Dortmund-Ems-Kanal, der seit 1899 das Ruhrgebiet mit Emden verbindet.

Wir haben Amelsbüren erreicht. Amelsbüren ist erst seit 1975 ein Stadtteil Münsters. Man spürt noch so etwas wie einen dörflichen Charakter, obwohl hier mehr als 5.000 Menschen wohnen. Um 1580 lebten im Ort gerade mal sieben Familien, um 1760 bestand er aus 22 Wohngebäuden. Wichtige Handels- und Verkehrswege waren die Davensberger Straße (heute Davertstraße) und der Kappenberger Damm. Mit dem Bau der Eisenbahnstrecke von Münster nach Dortmund im Jahr 1928 erhielt auch Amelsbüren endlich einen Bahnhof. Er ist bis heute als Haltepunkt in Betrieb.

Diesen Haltepunkt können wir für die Rückfahrt mit der Bahn zum Hauptbahnhof nutzen. Oder wir nehmen die Stadtbuslinie 1, die direkt an der Kirche in Amelsbüren losfährt.

MÜNSTER
GEIST
Berg Fiedel
HILTRUP
X14
X14
X14
Haus Elmar
Haus Bakenfeld
Fallbrock
Freilicht-museum
Allwetter-zoo
Haus Kump
klenbeck
Getterbach
Haus Feldhaus
Kläranl.
Haus Looz
Hölscher
Heitmann
Hollschulte
Haus Loeveling-loh
Loevelingloh
Hast
Herren-burg
Haus Amelsbüren
Schulze Harling
Haus Köbbing
Schulze Raring
Emmerbach
B 219
B 51
B 54
L 551
L 884
L 885
K 42
Hbf
ND
UW

Gerlever Stachelbeer-Baiser und feine Kaffeespezialitäten

Eine Wanderung vom Kloster Gerleve zum Haus Hamern und zurück

Mit diesem Wander-Tipp nähern wir uns der „Perle der Baumberge", wie Billerbeck wegen seiner Lage bisweilen genannt wird. Gut zehn Kilometer liegen vor uns, wenn wir am ganz im Südwesten des Stadtgebietes gelegenen Kloster Gerleve starten, über die Hauptwanderwege X 4 und X 12 zum Haus Hamern wandern und über einen Verbindungsweg, den die Wegewarte mit einer Raute markiert haben, zurückkehren. Frisch auf, es gibt eine Menge zu entdecken!

Start und Ziel, wie gesagt, ist Kloster Gerleve. Parkplätze sind hier vorhanden, von Coesfeld und Münster fahren aber auch Linienbusse bis zum Kloster. Wenn Sie Ihre Anreise im Internet unter www.bahn.de planen, geben Sie als Ziel bitte „Gerleve Kloster, Billerbeck" ein.

In Gerleve kann der Besucher schon ins Schwärmen kommen: Etwa auf der Hälfte zwischen Coesfeld und Billerbeck gelegen, inmitten von Feldern und Wäldern nahe der Bundesstraße 525, reckt sie sich unübersehbar, stolz und prächtig in die Höhe – die Benediktinerabtei St. Joseph zu Gerleve mit ihren massiven Mauern.

Ein kurzer Blick in die Geschichte dieser noch vergleichsweise jungen Abtei erscheint

Rundwanderung

Länge: 10 Kilometer

Hauptwanderwege X 4, X 12, Rautenweg

Parkmöglichkeit: Am Kloster

Einkehrmöglichkeit: Klostergaststätte

Die Türme der Klosterkirche Gerleve.

Oben: Beeindruckend ist die Klosterkirche auch im Innern – obwohl (oder gerade weil) der nicht realisierte Chor durch ungewöhnliche Fenster kompensiert wurde.
Unten: Eines der Gäste- und Tagungshäuser der Abtei.

Blick auf die Abtei von Südosten.

sinnvoll (über sie informiert auch Heft 100 der Reihe „Westfälische Kunststätten"). Das Kloster wurde 1899 auf dem gelände einer bäuerlichen Schenkung von Mönchen der Erzabtei Beuron gegründet und 1904 zur Abtei erhoben; Patron ist der hl. Joseph. 1941 wurde die Gemeinschaft von den Nationalsozialisten aus der Abtei vertrieben. Die Patres Augustin Hessing (1897–1975) und Gregor Schwake (1892–1967) kamen ins KZ Dachau. Die Gebäude wurden als Heim der NS-Volkswohlfahrt „Mutter und Kind" und als NS-Lehrhof der Hitler-Jugend genutzt. Kurz vor Kriegsende wurde es zum Lazarett umgemünzt; nach der Befreiung am 30. März 1945 diente es Verwundeten aller Nationen. Zahlreiche Verwundete starben hier noch, allein 200 Tote wurden auf dem Klosterfriedhof beigesetzt.

1946 konnten die Mönche nach Gerleve zurückkehren. Mehrere Mönche sind wissenschaftlich tätig, andere arbeiten in der Seelsorge, den Gästehäusern, der Buchhandlung, der Bibliothek oder dem Garten. Zu den bekanntesten Mönchen von Gerleve gehörte der Kirchenmusiker und Dichter Gregor Schwake.

Benediktiner sind gastfreundlich. So betreibt die Abtei zwei große Gästehäuser: Für Erwachsene das Exerzitienhaus Ludgerirast mit 47 Zimmern und für Jugendliche die Jugendbildungsstätte Haus St. Benedikt mit 80 Plätzen. Im Kloster selbst stehen für männliche Besucher zehn Gästezimmer bereit. Im Forum über der Gaststätte zeigen die Mönche regelmäßig Kunstausstellungen. Die eindrucksvolle Klosterbibliothek zählt fast 200.000 Bände.

Ach ja, und noch eines: Selbstverständlich stellt sich das Kloster ausgiebig im Internet dar (die Adresse: www.gerleve.de). Und wenn Sie die Abtei besuchen, vergessen Sie nicht Ihre Kamera. Denn im Internet-Auftritt der Mönche gibt es auch eine User-Galerie. Hier können Sie Ihr eigenes, ganz individuelles Gerleve-Foto veröffentlichen – so modern können Benediktinerabteien sein.

So, jetzt sollten wir aber langsam starten, schließlich wollen wir uns am Ende der zehn Kilometer langen Wanderung in der Klostergaststätte stärken, und die hat täglich außer Montag nur bis 17.30 geöffnet (Tischreservierung unter 02541 / 80 01 34). Und da wir gerade bei der Schleichwerbung sind, empfehlen wir auch noch die Gerlever Stachelbeertorte und die ausgewählten Produkte aus anderen Benediktinerklöstern.

Unschwer erkennen wir nahe der Sandsteinsäulen, die die Auffahrt zur Klosterkirche säumen, den Wanderweg X 4. Diesem folgen wir über die Brücke, die über den Honigbach führt. Hinter der Brücke biegen wir mit dem X 4 links ab. Vier Kilometer werden wir diesen Weg begleiten, bis er auf den Hauptwanderweg X 12 trifft. Der X 4 geht weiter geradeaus, wir biegen mit dem X 12 nach links ab. Nach Überquerung der Kreisstraße 52 und blicken bald auf Billerbeck. Die markanten Türme des neugotischen Ludgerus-Doms, aber auch der ungewöhnlich hohe und spitze Turm der spätromanischen Johanniskirche fallen besonders ins Auge. Etwa zwei Kilometer bleiben wir auf dem X 12 – und stehen vor Haus Hamern.

Diese Wasserburg an der Coesfelder Straße steht auf zwei rechteckigen Inseln. Seit der Mitte des 16. Jahrhunderts war der Besitz für mehr als 200 Jahre in zwei

Nach zwei Kilometern auf dem X 12 ist Haus Hamern erreicht.

Die Burg besticht vor allem durch ihren Rundturm.

Burghäuser geteilt. Der ältere Teil, die Burg Hamern-Raesfeld, liegt auf der östlichen Insel. Dort stehen noch ein alter Turmspeicher aus dem Jahr 1593, ein barockes Wirtschaftsgebäude und eine neugotische Burgkapelle, erbaut 1869.

Der jüngste Teil, die Burg Hamern-Schildern, besticht vor allem durch ihren Rundturm, erbaut um 1600 in niederländischem Specklagenmauerwerk aus Ziegeln und gleichmäßig verlegten Werksteinbändern. Ebenfalls in dieser schönen Specklagen-Technik wurde das zweiflügelige Wirtschaftsgebäude mit dem quadratischen Eckturm gebaut. Und wie so häufig: Haus Hamern ist bewohnt und der Zutritt auf das Gelände ist nicht gestattet.

Am Parkplatz am Haus Hamern suchen wir nun die Rautenmarkierung (◊) des Verbindungsweges. Die Raute wird uns von nun an führen. Etwa vier Kilometer lang, schön im Zick-Zack-Kurs, erst ein wenig gen Süden, dann süd-westlich bis zur Abtei Gerleve.

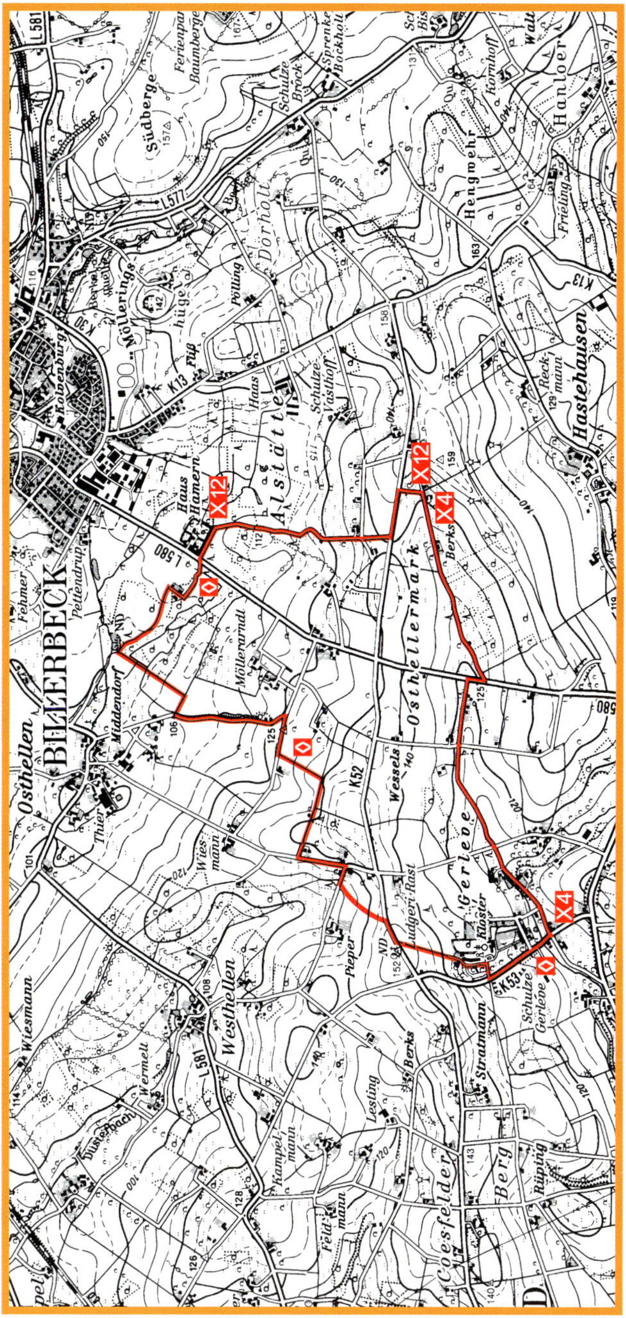
BILLERBECK
Osthellen
Westhellen
Osthellermark
Gerleve
Kloster
Hastehausen
Alstätte
Dörholt
Südberge
Möllerings
Hengwehr
Hanloer
Haus Hamern
Middendorf
Möllerandt
Ludgeri Rast
Schulze Gerleve
Coesfelder
Berg
Stratmann
Wessels
Berks
Pieper
L 580
L 577
L 581
K 13
K 52
K 53
X12
X4

Eine Stadt voller Türme, eine Wasserburg und ein uraltes Vogelschutzgebiet

Eine Wanderung von Borken nach Gemen und zurück

Wie wär's mit Borken, Gemen und den Borkener Osten? Eine 20 Kilometer lange Rundwanderung bringt uns mit diesem Wander-Tipp dort hin. Gewandert wird zu Anfang kurz auf einem Rautenweg, danach auf den Hauptwanderwegen X 4, X 10, X 3 und das letzte Stück wieder auf dem Rautenweg.

Wir starten im Stadtzentrum von Borken an der Remigiusstraße. Die ist leicht zu finden, denn dort steht herausragend mit 76 Meter Höhe die Propsteikirche St. Remigius – benannt nach dem Heiligen Remigius, der vor über 1200 Jahren im Frankenreich lebte, mit 22 Jahren Bischof wurde und erst im gesegneten Alter von 96 Jahren starb; daran erinnern heute die 96 Kerzen des großen Leuchters über dem Altar. Die Kirche in der heutigen Form wurde um 1435 erbaut, im Zweiten Weltkrieg zerstört und in drei Etappen als gotische Hallenkirche mit romanischem Turm wieder errichtet. Wer einen Blick ins Innere wagt, sieht den über 800 Jahre alten Taufbrunnen.

- Rundwanderung
- Länge: 20 Kilometer
- Rautenweg, Hauptwanderwege X 4, X 10, X 3
- Parkmöglichkeit: Parkhaus Kuhmcenter, Am Kuhm
- Einkehrmöglichkeit unterwegs: Gestüt-Forellenhof Wolter, Zum Homborn

Gestartet wird an der Propsteikirche St. Remigius in Borken.

Der Diebesturm war früher Gefängnis. Heute ist er der Liebesturm – das Standesamt.

Wir folgen der Raute (◊) und sehen wenige Meter weiter am Markt die Heilig-Geist-Kirche – eine ehemalige Kirche, in der oben das Stadtmuseum Borken beheimatet ist, unten eine kleine Kunstgalerie. Dieses ab 1382 errichtete Gebäude ist Zeugnis einer ehemals bedeutenden Armenstiftung; wegen ihrer norddeutschen Backsteingotik wird sie als einmalig im Westmünsterland bezeichnet. Das Haus wurde 1950/52 wiederhergestellt und diente unter anderem als Ratssaal.

Ach ja: Haben wir schon erwähnt, dass Borken sich gerne als „Stadt der Türme" bezeichnet? Nicht ganz ohne Grund, denn die an sich eher überschaubare Kreisstadt hat immerhin fünf davon. Und einen sehen wir ganz nah, wenn wir der Raute folgen – den Diebesturm. Inzwischen könnte er auch Liebesturm heißen, denn in den über zwei Meter dicken Mauern ist ein Trauzimmer des städtischen Standesamtes eingerichtet. Und dorthin geht man doch gemeinhin aus Liebe. Erbaut zwischen 1326 und 1433 im Rahmen der mittelalterlichen Stadtbefestigung, hat der Turm einen Durchmesser von

Das Ackerbürgerhaus Grave aus dem 17. Jahrhundert.

5,70 Meter und war bis 1908 das Stadtgefängnis – heute ist er außer Standesamt auch noch Stadtarchiv.
Wir folgen der Raute durch das Stadtgebiet, durchqueren die Aa-Niederung und kommen nach drei Kilometern in das bebaute Gebiet des Stadtteils Gemen. Ein ganz offensichtlich attraktiver Ortsteil, nicht nur wegen der Wasserburg – so attraktiv, dass die Einwohnerzahl in den vergangenen Jahren auf 8000 geklettert ist.

Wir kommen am Ackerbürgerhaus Grave aus dem 17. Jahrhundert vorbei. Im Laufe der Jahrhunderte wurde es mehrfach umgebaut, im Inneren ist die alte Wohngestalt jedoch hervorragend erhalten. Die Küche, der Keller und die Kellerkammer sind original aus dem 19. Jahrhundert erhalten. Dass im Inneren und Äußeren alles so bleibt wie es ist, dafür sorgt der Heimatverein Gemen, der das Gebäude seit September 1993 als Heimathaus nutzt.

Hinter Haus Grave liegt die Gemener Marienkirche, eine Barockkirche aud dem Jahr 1719. Wir achten besonders auf die Fassade aus rotem Backstein und gelbem Sandstein. Entsprechend der Dreierstufung der Fenster sind die Figuren angeordnet: Antonius von Padua mit

Die ältesten Teile der Burg Gemen stammen von 1092.

dem Jesuskind, Johannes Nepumuk mit dem Kruzifix und Maria Immaculata als Patronin der Kirche. Im Giebelabschluss erscheint das Auge Gottes. Der Taufstein stammt von 1720. Die Kanzel kommt wohl aus einer anderen Kirche, denn sie ist um 1600 erbaut worden.

Genau an dieser Stelle stößt der Rautenweg auf den Hauptwanderweg X 4, dem wir – nach rechts abbiegend – folgen. Er führt uns um die Hinterfront der berühmten Burg Gemen. Um diese Wasserburg von vorn zu besichtigen, müssen wir kurz den X 4 verlassen und gehen durch ein Holztor.

Man schätzt, dass die ältesten Teile der Burg aus dem Jahr 1092 stammen, dem Jahr, in dem die Edelherren Gemen erstmals urkundlich erwähnt wurden. Goswin von Gemen wollte im 13. Jahrhundert eine Ringburg haben und baute die vorhandene Anlage entsprechend um. Im Laufe der Jahrhunderte verlor Gemen an Bedeutung. 1822 ging die Burg sie an den Reichsfreiherrn Ignaz von Landsberg-Velen über, bis heute ist sie im Besitz dieser Familie. 1946 wurde sie an den Bischof von Münster verpachtet, der hier eine Jugendbildungsstätte anlegen ließ. Da sie bis heute als „Jugendburg“ genutzt wird, kann sie auch im Innern besichtigt werden.

Die Jugendbildungsstätte hat 120 Zimmer mit 230 Betten, 27 Gruppenräume, 40.000 Quadratmeter Gesamtfläche, davon 15.000 als Wasserfläche. Zahlreiche Freizeit- und Sporteinrichtungen ergänzen die Anlage. Gezählt werden jedes Jahr 23.000 Gäste mit 43.000 Übernachtungen. 42 Mitarbeiter sorgen für einen reibungslosen Ablauf.

Zurück zum X 4, der uns über die Bocholter Aa führt bis zum Gemener Friedhof. Hier biegt der Wanderweg rechts ab in die Allee „Am Sternbusch“ mit ihren knorrigen Linden in vier Reihen. Wir wandern weiter durch das Vogelschutzgebiet Sternbusch, unter Schutz gestellt übrigens schon 1926. Wer Ohren hat zu hören, der höre: Buchfink, Mönchsgrasmücke, Zaunkönig, Rotkehlchen, Zilpzalp, Fitislaubsänger und Meisen oder Drosseln sagen sich dort guten Tag. Und Buntspecht und Kleinspecht trommeln dazu. Auch der Trauerschnäpper und der Kleiber sind im Sternbusch zu Hause.

Wir gehen am Schützenplatz rechts aus dem Wald hinaus, überqueren nach zwei Kilometern die Landstraße 581, kommen am Gestüt Forellenhof Wolter vorbei und sind im nächsten Naturschutzgebiet, Hombornquelle. Ein rustikales Restaurant lädt zur Stärkung ein.

Wir wandern weiter, nun auf unbefestigten Wegen. Der X 4 führt uns mitten durch das Waldgebiet „Die Berge". Wir queren die Kreisstraße 55 und treffen nach etwa 1,5 Kilometern auf den X 10, dem wir nach rechts folgen.

Es geht weiter über Sandwege, bis wir „Die Berge" verlassen und einen Blick werfen auf die typische Münsterländische Parklandschaft. Wir gehen unter anderem über das Lammersfeld, das auf dem „Haltener Sande" liegt, ein wichtiges Trinkwasservorkommen. Wir sehen einen Bahnübergang, bei dem wir auf den Hauptwanderweg X 3 treffen. Den nehmen wir jetzt, indem wir auf dem X 3 rechts abbiegen. 1,3 Kilometer bleiben wir auf diesem Weg und kommen an den Rand des Borkener Stadtgebiets. Der X 3 biegt vom Beckenstrang links in den Eggenkamp – wir nicht. Wir folgen wieder, wie beim Beginn dieser langen Wanderung, der Raute, die uns zurück zur Kirche St. Remigius führt. 20 Kilometer liegen hinter uns! 20 Kilometer, die an Abwechselung einiges geboten haben.

Ein schönes Stück Natur östlich der Wasserburg.

Heiden
Gemen
Dorf
bauerschaft
Kirchspiel
X4
X10
X3

P4 Ostring
APOTHEKE

Im herzoglichen Wildpark und an den Fischteichen des Herzogs

Eine Wanderung von Dülmen nach Hausdülmen und zurück

Mit diesem Wander-Tipp streifen wir durchs Dülmener Land. Wir erkunden auf einem Rundwanderweg mit zwölf Kilometern Länge Dülmen, den Wildpark, die großen Fischteiche des Herzogs und das nette Örtchen Hausdülmen. Wir bewegen uns entgegen des Uhrzeigersinns auf den Hauptwanderwegen X 15, X 3 und X 17 des Westfälischen Heimatbundes und des SGV Emscher-Lippe.

Dülmen liegt am Rande des 1040 Quadratkilometer großen Naturparks Hohe Mark. Dieses schöne Fleckchen Erde erstreckt sich im Westen vom Diersfordter Wald bis etwa nach Datteln im Osten; von den Toren der Städte Bocholt, Rhede, Borken, Coesfeld und Dülmen im Norden bis ins Ruhrgebiet.

Wir starten in Dülmen am Bahnhof, gehen geradeaus in Richtung der vielen Fahrradparkmöglichkeiten, entlang der Eisenbahnstraße, lassen den X 12 unbeachtet und sehen dann die Markierung „unseres" X 15. Damit erobern wir uns das Zentrum der 50.000-Einwohner-Stadt. Wir sollten uns, bevor es ins Grüne

Rundwanderung

Länge: 12 Kilometer

Hauptwanderwege X 15, X 3, X 17

Parkmöglichkeit: Am Bahnhof

Einkehrmöglichkeit unterwegs: Große Teichsmühle Hausdülmen, Borkenbergestraße

Nicht ganz unbekannt – das Stadttor in Dülmen.

Oben: das Grab der Emmerick im Chorraum der Heilig-Kreuz-Kirche. Unten: Blick in die Ausstellung in der Krypta.

geht, die Heilig-Kreuz-Kirche ansehen. Genauer gesagt: den Chorraum, denn hier befindet sich das Grab von Anna Katharina Emmerick (1774–1824), deren Geburtshaus wir bereits besucht haben (siehe den Wandertipp

auf den Seiten 42 bis 47, dort auch weitere Angaben zu ihrer Person). Anna Katharina Emmerick starb 1824 und wurde zunächst vor den Toren Dülmens beerdigt. 1975 wurden ihre Gebeine in die Krypta der 1938 erbauten Heilig-Kreuz-Kirche umgebettet, heute befindet sich das Grab der 2004 seelig gesprochenen Mystikerin im Chorraum der Kirche. In der ehemaligen Krypta ist eine Ausstellung zu ihrer Person eingerichtet.

Wir machen uns weiter auf den Weg (X 15) und erreichen nach etwa 30 Minuten den Eingang des 250 Hektar großen herzoglichen Wildparks. Wir halten uns halblinks und folgen dem Hauptweg. Es ist nicht nur die Größe, weswegen der Wildpark zu den schönsten und reizvollsten Parkanlagen im Münsterland zählt. Es ist auch die landschaftliche Vielfalt, die diesen Wildpark hervorhebt. Wertvolle Buchen-, Eichen- und Mischwälder wechseln sich mit kleineren Lichtungen und großen Freiflächen ab, einzelne Pappel- und Erlenbestände, dichter Tann und ausgedehnte Weide- und Wiesengründe mit großen Teichen und kleinen Tümpeln erwarten den Wanderer.

Im Wildpark Dülmen finden sich auch Damwild, Schafe und Heidschnucken, die hier in großen Herden

An beinahe jeder Ecke stößt der Wanderer auf Damwild.

Der herzogliche Wildpark zählt zu den reizvollsten Anlagen seiner Art im Münsterland.

frei leben. An beinah jeder Ecke stößt der Wanderer auf Rehe und Hirsche. Jederzeit kann ein prächtiges Geweih – mit dem dazugehörigen Hirsch – aus den Büschen treten. So wird die Wanderung durch den Park zur spannenden Entdeckungstour. Und kleine Hügel im Wald können sich schon mal als sehr, sehr große Schafe herausstellen.

Die meisten Tiere sind an Menschen gewöhnt, so dass man sich dem Damwild oft bis auf wenige Meter nähern kann, manchmal sogar bis auf wenige Zentimeter. Die Wildpark-Betreiber mahnen allerdings zur Vorsicht: „In Ihrem und dem Interesse der Tiere sollten Sie diesen nicht unbedingt zu Nahe rücken. Stellen Sie sich vor, in Ihrer Wohnung würden sich Horden von Menschen herumtreiben, die ständig ‚ach, wie süß' brüllen und Sie streicheln wollten ..." Wir sollten diesen Hinweis beherzigen.

Wenn wir dem X 15 weiter folgen, wird es ein wenig lauter, denn wir stoßen auf die Autobahn A 43. Der Wanderweg X 15 biegt nach etwa 250 Meter rechts ab und verschwindet durch die Unterführung. Das stört

In Hausdülmen sollten Sie nicht versäumen, einen Blick in die St. Mauritius Kirche zu werfen

uns aber überhaupt nicht, wir gehen einfach geradeaus weiter und befinden uns nun auf dem Wanderweg X 3, den wir fortan begleiten. Am Neusträßer Bruch vorbeiwandernd, erreichen wir eine Weggabelung. Wir folgen dem Zeichen X 3 und passieren den Oedlerteich.

Etliche Teiche sind in der Umgebung zu finden. Es sind die insgesamt 120 Hektar großen Fischteiche des Herzogs von Croy. Sie sind das Herzstück der „Dülmener Seenplatte", sie gelten als Schatzkammer und als Geheimtipp. Meist versteckt hinter hohen Hecken oder Waldstücken liegen die bis zu 30 Hektar großen Teiche. Nur ein kleiner Teil dient heute noch der Karpfenzucht. Die Landesanstalt für Ökologie behauptet sogar, dass es eine solche Vielfalt von Wasserflächen, Bächen und Gräben, Nasswiesen, Heide, Moor und feuchten Wäldern kein zweites Mal in Nordrhein-Westfalen gibt. In der Tat ist diese Seenplatte ein Paradies. Ein Paradies für den Haubentaucher, die Graugans, den Schwan, den Kormoran oder den Zwergtaucher.

Ab Mai entfaltet sich vor allem an den Rändern der Teiche und Gräben die üppige Schönheit der zahlreichen Sumpf- und Wasserpflanzenarten. Neben den wogenden Schilf- und Rohrkolbenbeständen bringen im Mai und Juni gelbe Schwertlinien und im Hochsommer der zartrosa blühende Wasserdost oder pinkfarbene Blutweiderich kräftig Farbe ins Bild. Im Sommer kommen Grünfrösche und Libellen dazu. Einfach herrlich.

Wer die Natur in diesem Gebiet weiter erkunden möchte – und das sei dringendst empfohlen –, kann das in den Randbereichen gerne tun. Der Kernbereich des eigentlichen Teichgutes mit dem privaten Fischzuchtbetrieb ist aber nur im Rahmen einer geführten Exkursion zu besichtigen (Informationen dazu beim Naturschutzbund Dülmen, Tel. 02594 / 8 33 34).

Der Wanderweg X 3 führt uns weiter nach Hausdülmen, einem 2000 Einwohner zählenden Ortsteil von Dülmen. Wir sollten nicht versäumen, einen Blick – oder auch mehrere – in die St. Mauritius Kirche zu werfen. Wer sich dabei ein wenig Zeit nimmt, wird sehen, wie sich das Farbspiel der Fenster und die Farben des Kreuzes verändern.

Nur kurz nachdem wir Hausdülmen am linken Ufer des Heubachs wieder verlassen haben, kommen wir an der Großen Teichsmühle vorbei. Fast zehn Morgen (Gute Frage: Was ist ein Morgen? Gute Antwort: ein Viertel Hektar) groß ist der Mühlenteich, von dem sich der Name dieses Baudenkmals ableitet. 1364 erstmals urkundlich erwähnt, wurde sie wahrscheinlich bereits 1120 mit der Burg Dülmen errichtet. Bis 1898 war die Mühle unter anderem als bischöfliche Amtsmühle in Betrieb und befindet sich auch heute noch – dank nachhaltiger Pflege – in einem sehr guten Zustand. Der historischen Mühle ist eine Gaststätte ohne Ruhetag angegliedert (Große Teichsmühle Hausdülmen, Borkenbergestraße 78, www.grosse-teichsmuehle.de).

Nach einer Stärkung gehen wir die 20 Meter zurück zum Wanderweg, unterqueren mit dem X 3 die Bahnschienen und biegen bald schon nach links ab auf den gemeinsamen Wanderweg X 3/X 17. Nach etwa einem Kilometer biegt der X 3 nach rechts ab, wir indes gehen weiter geradeaus auf dem X 17 zurück nach Dülmen. Kurz vor dem Ort – nach einer Industrieruine – gehen wir nach links, unterqueren erneut die Bahnschienen und folgen dem X 17 zum Bahnhof Dülmen.

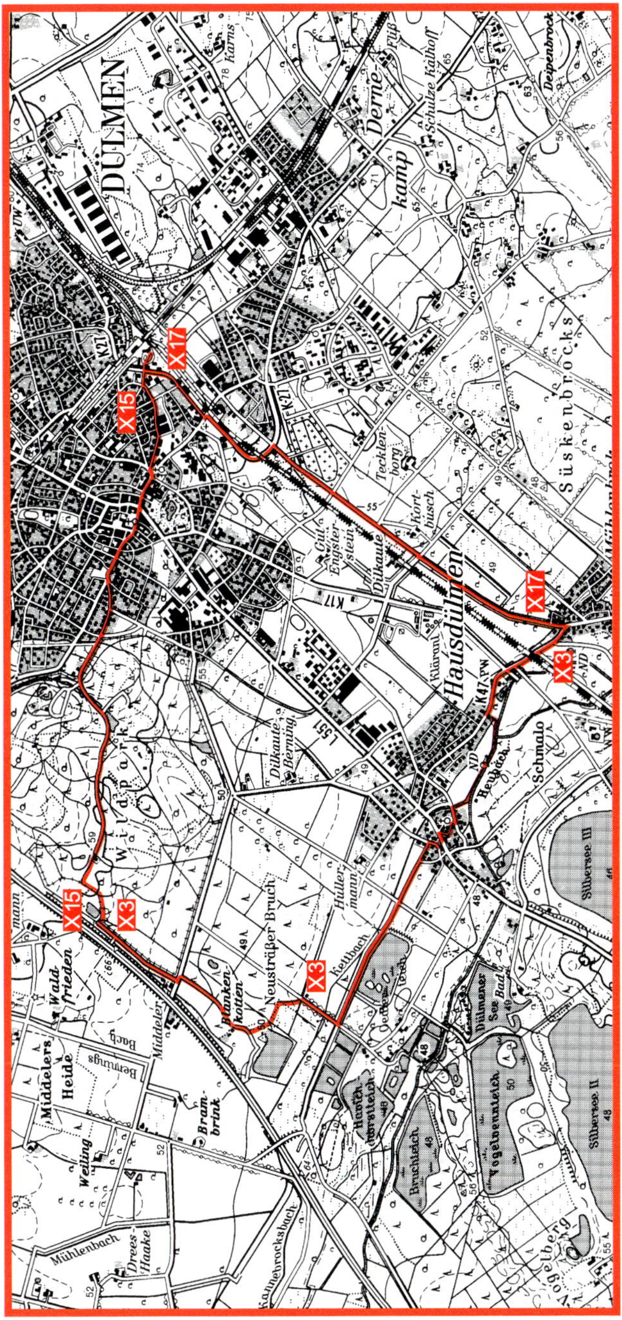
DÜLMEN
Derne-kamp
Hausdülmen
Wildpark
Süskenbrocks
Neusträßer Bruch
Gut Engsterstein
Dilkaute
Tecklenborg
Kortbusch
Schulze Kalhoff
Deipenbrock
Middelers Heide
Waldfrieden
Bramkenkotten
Bram-brink
Weiling
Drees-Haake
Mühlenbach
Silbersee II
Silbersee III
Dülmener See
Vogelberg
Heubach
Schmalo
Kettbach
Hullermann
Bruchteich
Vogelbrutteich
K27
K17
K47
L551
X17
X15
X3

Herrenhäuser – aufgereiht wie auf einer Perlenschnur

Eine Wanderung von Ascheberg-Davensberg bis Nordkirchen-Capelle

Wir wandern mit diesem Tipp von Davensberg bis zum etwa 15 Kilometer entfernten Örtchen Capelle. Wir machen es uns dabei ganz einfach und bleiben immer auf dem Hauptwanderweg X 14 des Westfälischen Heimatbundes. Zurück geht es ganz bequem per Bahn auf der Strecke Münster–Dortmund. Kleiner Tipp am Rande: Es bietet sich geradezu an, mit der Bahn ab Münster anzureisen und von Capelle aus dorthin zurückzukehren.

Wir beginnen in einem netten Fleckchen namens Davensberg, einem 2000 Einwohner starken Ortsteil von Ascheberg, südlich von Münster. Davensberg nennt sich auch „das Tor zur Davert". Die Davert ist ein 2500 Hektar großes Naturschutz- und FFH-Gebiet. Dabei ist es aber kein geschlossener Wald, sondern immer wieder mit der münsterländischen Parklandschaft aus Hecken, Wiesen und Feldern verzahnt – typisch für unsere schöne Gegend.

Länge: 15 Kilometer

Streckenwanderung

Hauptwanderweg X 14

Parkmöglichkeit: am Bahnhof

Einkehrmöglichkeit unterwegs: Breil Klause, Bahnhofsweg Ascheberg; Einkehrmöglichkeit am Ende: Gasthof Zur Brücke, Bahnhofstraße, Capelle

Rückkehr: Mit der Bahn (ab Capelle)

Fahrplaninformationen: www.westfalenbus.de, Tel.: 01803/504030 (kostenpflichtig)

Der Rundturm von Davensberg.

1841 wurde die Davert, bis dahin ein Gemeinschaftsbesitz, unter verschiedenen Interessenten rechtskräftig aufgeteilt. Es begann die systematische Erschließung durch Wege und Entwässerungsgräben. Es wurde auch kräftig aufgeforstet, mit Heideflächen. Die allerdings sind heute fast völlig wieder verschwunden.

Wir können die planmäßige Anlage der Wege förmlich spüren. Meist sind sie relativ breit und haben einen geraden Verlauf. Schwere Nutzfahrzeuge haben an einigen Stellen tiefe Spuren hinterlassen, die oft mit Wasser gefüllt sind – für uns ist das beschwerlich, für die Fauna jedoch hervorragend, denn Tierarten wie der Bergmolch nutzen solche Gewässer zur Laichablage. Bodenverdichtung und hoher Lichteinfall begünstigen zwei Springkräuter: das aus Nordamerika stammende Kleinblütige Springkraut und das einheimische Große Springkraut, dessen deutlich größere gelbe Blüten fast in der Luft zu schweben scheinen. Im Totholz der Eichen finden wir den Mittelspecht und andere Höhlenbrüter wie den Trauerschnäpper und die Hohltaube. Und Fledermäuse – acht Arten sind bislang in der Davert nachgewiesen worden. Wer genau hinschaut, kann Spuren von Fuchs und Dachs entdecken, oder von Wildschweinen aufgewühlte Erde.

Zurück zum Wandern. Nicht zu übersehen ist der Rundturm in Davensberg, an dem wir unsere Wanderung beginnen. Erbaut 1530, war er Teil der Ritterburg

Rechts: Greives Kapelle, heiß geliebt von der Schützenbruderschaft.

Seite 104: Haus Romberg mit seinen Schießscharten macht bis heute einen wehrhaften Eindruck.

Davensberg, die ab 1750 verfiel. In der oberen Etage befindet sich ein Kaminzimmer, darunter ein Gefängnis aus der Zeit der Hexenverfolgung, unten ein Verlies mit Folterkammer. Heute geht es dort friedlicher zu: Im Turm ist ein Museum, das vom rührigen Heimatverein betrieben wird. Der Ausstellungsschwerpunkt liegt auf alten bäuerlichen Kulturgeräten.

Etwa einen Kilometer südlich, direkt am X 14, liegt Haus Byink – das 1558 von Heinrich von Ascheberg als westfälisches Bauernhaus im Renaissance-Stil erbaut wurde. Die Giebel sind geziert mit Halbkreisaufsätzen, die Giebelwände zeigen figürliche Verzierungen mit bunten glasierten Ziegeln: bewaffnete Männer, Rautenmuster und Jahreszahlen.

Auffällig ist hier vor allem das mächtige Torhaus von 1561 in zweigeschossiger Bauweise: Es weist zwei halbrunde turmartige Vorbauten auf. Der gesamte Bau ist aus Ziegelmosaik, verziert mit ein paar ballspielenden Landsknechten. Die Eigentümerin Freifrau Ida von Elberfeld, genannt von Beverförde-Werries, von der Loburg Ostbevern kommend, zog 1984 in das restaurierte Torhaus.

Der X 14 könnte hier auch „Herrensitz-Weg" heißen, denn wir kommen bald schon am dritten derartigen Haus vorbei, an Haus Romberg. Den wehrhaften Charakter der ehemaligen Ritterburg unterstreichen die Schießscharten am 2004 renovierten Torhaus.

Landwirtschaft allgegenwärtig.

Rechts und links vom Eingang sind die Wappen derer von Galen und von Wulff mit der Jahreszahl 1630 angebracht. Dem Torhaus gegenüber liegt das im Renaissancestil erbaute Herrenhaus. Die Ecke zwischen dem Herrenhaus und einem vermutlich ehemaligen Ritterhaus schließt ein achteckiger, mit Sandsteinen verzierter Turm.

Welche Familie ursprünglich auf Haus Romberg herrschte, ist den Forschern nicht ganz klar. Sicher ist: Haus Romberg gehörte lange Zeit den von Galens und war von allen Galenschen Gütern am längsten im Besitz der Familie. Bis heute ist es in Privatbesitz.

Wir wandern weiter südlich auf dem X 14, ein wenig an der Landstraße 844 entlang und über die Bundesstraße 58. Wir kommen nach Ascheberg. Wir haben zwar erst etwa fünf Kilometer des Wegs hinter uns gelassen, aber der Form halber sei darauf hingewiesen, dass auch Ascheberg einen Bahnhof hat.

Ascheberg ist ein alter Ort, die erste urkundliche Erwähnung stammt schon von 890. Mittelpunkt und weithin sichtbar ist die St. Lambertus-Kirche mit ihrem 81 Meter hohen, neugotischen Turm, der die gotische Hallenkirche ziert. Der Chorraum wurde 1740 von Johann Conrad Schlaun gestaltet, wie so vieles im altehrwürdigen Münsterland. Heute leben in Ascheberg mit den Ortsteilen Davensberg und Herbern über 15.000 Menschen. Innerhalb von 30 Jahren ist die Bevölkerung um mehr als ein Drittel angewachsen – Ascheberg liegt noch im „Speckgürtel“ von Münster und hat eine gute Verkehrsanbindung ans Oberzentrum.

Das Wachstum sehen wir auch, wenn wir dem X 14 weiter folgen. Erst sehen wir ein paar Ackerbürgerhäuser, dann die Siedlung Pastoratsweide, die 1955 entstand. Daran schließen sich weitere und jüngere Baugebiete an. Die haben bereits die 1844 erbaute kleine Greives Kapelle erreicht. Prognosen sehen Ascheberg im Jahr 2020 bei 16.300 Einwohnern.

Greives Kapelle übrigens wird heiß geliebt von der Schützenbruderschaft, die sie vor dem Vergessen und vor dem Verfall gerettet hat. Die erste Renovierung war 1975, die zweite 2006. Erwähnenswert ist der Glockenturm, der komplett in Kupfer ausgebildet wurde. In jüngster Zeit wurden die drei mächtigen Stieleichen unter Naturschutz und die Kapelle unter Denkmalschutz gestellt. Die letzte Renovierung durch die Schützenbrüder verlief schon in Abstimmung mit dem Amt für Denkmalpflege.

Hinter Ascheberg geht es ein wenig bergan. Wirklich nur ein wenig, denn der Entruper Berg bietet lediglich

Wegekreuze begegnen dem Wanderer im gesamten Münsterland.

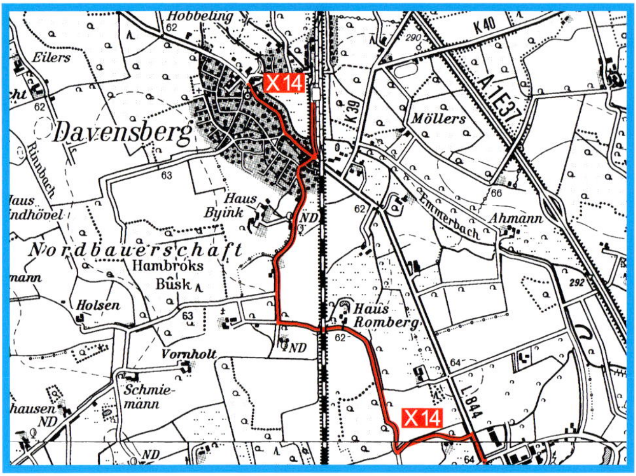

eine Erhebung von 86 Metern. Nun kommen wir in die relativ waldreiche Gegend um Nordkirchen, zu der unser Zielort Capelle gehört.

Wir kommen vorbei am Standort des Hauses Ichterloh, das den Herren von Ascheberg gehörte. Es verfiel im 19. Jahrhundert und wurde 1875 abgerissen; aus dem Bruchmaterial wurde das Forsthaus Ichterloh gebaut. Gerade der Forst ist es, der die Landschaft hier so reizvoll macht. Er ist ebenfalls als Naturschutz- und FFH-Gebiet gemeldet. Bekannt ist der Wald, der auch Arenbergischer Forst genannt wird, unter anderem für seine Bärlauch- und Orchideenvorkommen. Der Weg führt am Waldrand entlang, im Sommer fliegt dort der Kleine Eisvogel; ein Tagfalter, der seinem gefiederten Namensvetter an Farbenpracht nur wenig nachsteht. Im Frühjahr lässt sich zudem der Gesang der Nachtigall vernehmen – nicht nur nachts, aber tagsüber schwer herauszuhören.

Einen schönen Fernblick genießen wir kurz danach von einer Anhöhe. Vor uns liegt Capelle, etwas weiter südwestlich Südkirchen. Im Hintergrund sehen wir die Schornsteine und Kühltürme des nördlichen Ruhrgebiets. Bevor wir in Capelle zum Bahnhof abbiegen, gehen wir zur St. Dionysius-Kirche, erbaut Ende des 17. Jahrhunderts. Sie bildet mit dem alten Baumbestand den Mittelpunkt des kleinen Ortskerns. Wir sind am Ziel, nette 15 Kilometer liegen hinter uns.

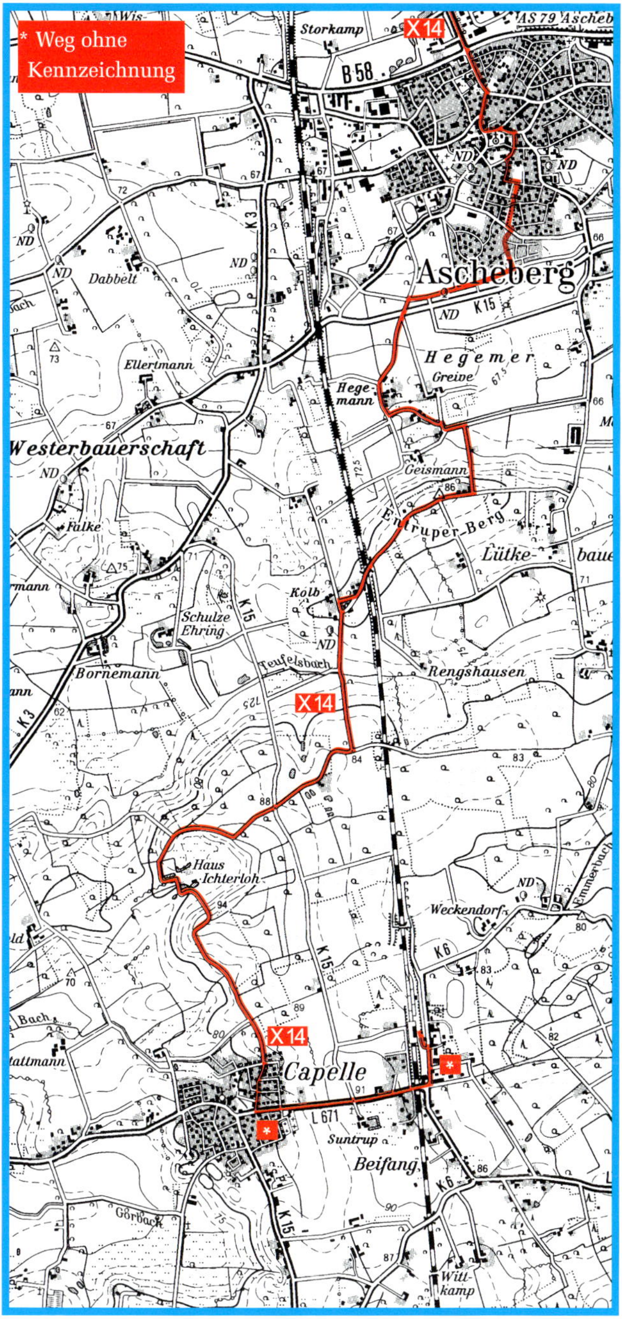
* Weg ohne Kennzeichnung
Storkamp
X14
B 58
Ascheberg
Dabbelt
Ellertmann
Westerbauerschaft
Hegemer
Greive
Hegemann
Geismann
Entruper Berg
Lütke-
Falke
Kolb
Schulze Ehring
Teufelsbach
Bornemann
Rengshausen
X14
Haus Ichterloh
Weckendorf
Emmerbach
X14
Capelle
L 671
Suntrup
Beifang
Görbach
Bach
Wittkamp
K 15
K 3
K 6
ND

Auf den Spuren der Kerkherren des Prämonstratenserklosters

Eine Wanderung von Herzebrock-Clarholz nach Beelen und zurück

Nichts für Anfänger und nichts für ladenneues Schuhwerk: Bei diesem Wander-Tipp liegt eine Strecke von 22 Kilometern vor uns. Wir wandern „grenzüberschreitend" vom ostwestfälischen Clarholz zum münsterländischen Beelen und über das heute zu Oelde gehörende Lette zurück. Dabei begeben wir uns auf die Spuren der Kerkherren und tauchen tief in die Vergangenheit ein. Wir nutzen dabei die Raute, die extra für diesen Wanderweg angebracht wurde.

Kerkherren – das waren die Clarholzer Prämonstratenser, die Jahrhunderte lang zugleich Seelsorger in den Kirchen von Clarholz, Beelen und Lette waren. Anfangs übten sie das Amt nicht stationär aus, sondern gingen auf Wanderschaft zu ihren Schäfchen. Das machen wir auch. Wir starten am Kloster in Clarholz und schauen uns dort um.

Länge: 22 Kilometer

Rundwanderung

Rautenweg

Parkmöglichkeit: am Kloster

Einkehrmöglichkeiten unterwegs: Hemfelder Hof, Clarholzer Straße, Beelen; Zum Holtbaum, Letter Straße, Beelen; Gasthaus Westermann, Clarholzer Straße, Oelde-Lette; Einkehrmöglichkeit am Ende: Gasthaus Rugge, Propsteihof, Herzebrock-Clarholz

Das Hauptgebäude des ehemaligen Klosters.

Die Brücke über den Axtbach am Kloster Clarholz.

Obwohl nach der Säkularisation 1803 zahlreiche Bauten abgebrochen wurden, zum Beispiel das Kapitelhaus, die Kreuzgänge, das Brauhaus oder die Molkerei, lässt das verbleibende Gebäudeensemble auch heute noch die Atmosphäre eines geistigen Zentrums spüren. Kirche, Konventshaus, Prostei, Zehntscheune, Wirtschaftsgebäude, Alte Schule und Gasthaus gruppieren sich um drei Plätze: Kirchplatz, Propsteihof und Wirtschaftshof. Umrahmt wird die Anlage von weitläufigen Gärten. Insgesamt ist das Klosterareal sieben Hektar groß.

Von der Zehntscheune gehen wir über den Wirtschaftshof zur Haupteinfahrt. Wir biegen nach links in die Letter Straße ein. Nach wenigen hundert Metern erreichen wir den Westhoff, der auf der rechten Seite der Letter Straße liegt. Er wurde – wie auch die anderen Meierhöfe – von den Prämonstratensern im 12. Jahrhundert angelegt. Der Weg über die Hofanlage lohnt sich: Zahlreiche denkmalgeschützte Bauten umgeben das Haupthaus; auch das Müllerhäuschen von 1701 steht noch. Die Mühle indes musste vor Jahren weichen.

Wir folgen weiter der Raute, kommen am barocken Bildstock von Westhoff (1761/62) vorbei und überque-

Die Eichenallee hinter dem Kloster – mit unserer Raute.

ren den alten Axtbach. Hinter der Brücke verlässt der Kerkherrenweg die Letter Straße nach rechts.

Nach 100 Metern geht es wieder rechts. Wir stoßen bald auf die Bahnlinie von Münster nach Rheda. Sie wurde 1887 parallel zur 1834 konstruierten Chaussee – heute B 64 – gebaut. Wir überqueren die Straße, gehen auf dem Radweg 100 Meter nach links und biegen dann bei einem Wegekreuz rechts ein. Hier ist die Grenze zwischen Clarholz (Kreis Gütersloh) und Beelen (Kreis Warendorf).

Rund 3,5 Kilometer verläuft der Kerkherrenweg jetzt durch die typisch münsterländische Landschaft. Nachdem wir den Harsewinkeler Damm überquert haben, nähern wir uns dem Südufer des Axtbaches, dem wir nun bis zur Dorfmitte von Beelen folgen.

Links liegt der alte Friedhof, rechts hinter der imposanten Brücke der neue. Wir können kurz einen Blick in die neue Kirche werfen, bevor wir am Ende des Osthoffs auf den alten Kirchplatz kommen. Auf ihm standen die ersten vier Beelener Kirchen, deren Grundrisse 1973 bei Grabungen gefunden wurden. Die erste war aus Holz und brannte ab. Dann bauten die Beelener

Obren:
Auf dem altem Kirchplatz in Beelen standen die vier ersten Kirchen.

Unten:
Die neue, wenig eindrucksvolle Kirche in Beelen.

eine Steinkirche, die aber bald zu klein war. Das Kloster Clarholz baute im zweiten Viertel des 13. Jahrhunderts eine wesentlich größere romanische Kirche, die rund 600 Jahre überdauerte. 1857 wurde die vierte Beelener Kirche – jetzt neugotisch – geweiht. 1969 wurde auch sie abgerissen, da sie zu klein und in einem schlechten Zustand war. Am alten Kirchplatz sind die erhaltenen Umrissmauern gut zu sehen.

Der Kirchturm von Lette.

Unsere Raute lotst uns weiter durch den Ortskern: über die Neumühlenstraße, über die Brücke, unter der B 64, über die Holzbrücke in die Straße Axtbachtal, dann in die Wohnsiedlung Seehusen. Langsam verlassen wir Beelen und kommen zur Gaststätte „Zum Holtbaum". Der Name stammt von dem Schlagbaum, der auf der Wiese davor steht. Es war ein Durchlass durch den Landhagen, den ein Bischof von Münster im Mittelalter anlegen ließ, um sein Bistum vor unkontrolliertem Besuch aus Südosten zu schützen. Die dazugehörige Landwehr war ein bis zu 35 Meter breites Wall-Graben-System.

Nach Überqueren der Letter Straße und weiteren hundert Metern biegen wir rechts in die Straße Hemfeld ein, biegen am Ende nach rechts ab und überqueren eine Kreuzung. Ab hier beginnt rechts ein 148 Hektar großes Feuchtwiesen-Schutzgebiet. Dieses Fleckchen ist Heimat für den Großen Brachvogel, für Teichhühner, Blesshühner, Nil- und Kanadagänse. Wir gehen weiter und sehen alsbald ein neues Fachwerkhaus. In seiner Nähe hatte der Kötter Holthöfer im 19. Jahrhundert Ziegel gebrannt, auch für die Kirche in Beelen.

Die nächste Kreuzung muss überquert werden, dann kreuzt ein Graben die Straße – das ist die alte Grenze zwischen Beelen und Clarholz. Der Kerkherrenweg führt an der T-Kreuzung nach links, dann nach rechts. Hier sollten wir aber einen Abstecher machen. Wir gehen nach rechts und nach 800 Meter im Kiefernwald sehen wir neben einer Bank einen Sandstein. Auf den

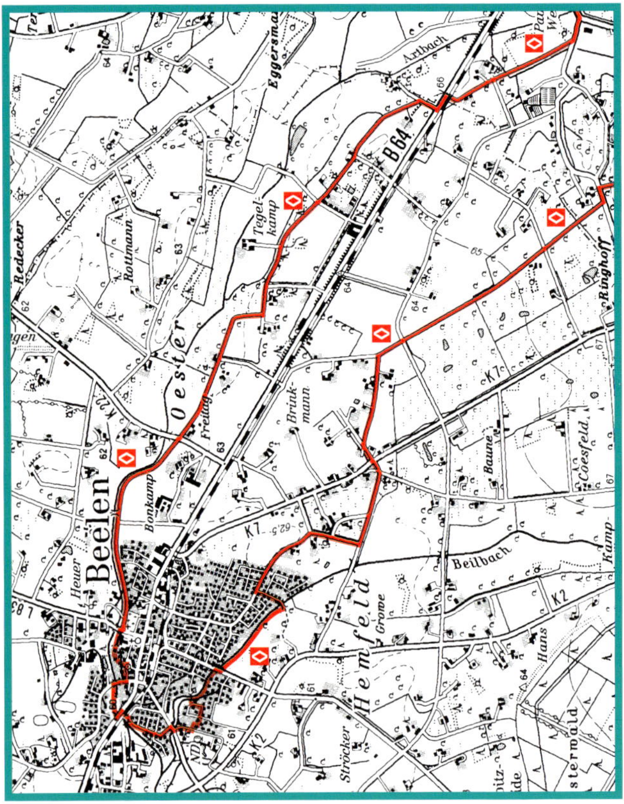

ersten Blick ist nichts an ihm spektakulär. Aber er zeigt schon etwas Besonderes: An dieser Stelle treffen die Postleitzahlbezirke 3 (Hannover) mit 33442 Clarholz, 4 (Düsseldorf) mit 48361 Beelen und 5 (Köln) mit 59302 Lette aufeinander.

Zurück zum Kerkherrenweg: Bald sehen wir Lette, ein Örtchen mit rund 2250 Einwohnern. Die kleine Gemeinde Lette gehörte bis 1970 zum Amt Herzebrock, entschied sich in einer Abstimmung dann aber für den Anschluss an Oelde. Unser Weg führt uns durch Wiesen in einen Eichen-Hainbuchenwald, den Kämpen; ein alter Klosterwald mit Primeln, Anemonen, Waldmeister, Aaronstab, Lungenkraut und Glockenblumen.

Wir gehen von Norden auf die Kirche zu. Früher gab es neben der Kirche eine Brennerei und auch eine Brauerei mit eigenem Hopfengarten; im ersten Stock der

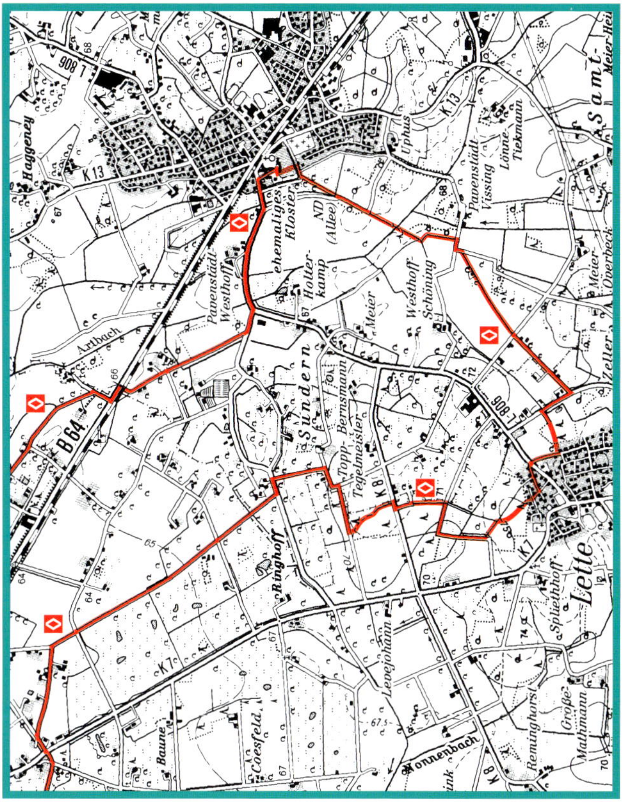

Brennerei war ein Saal. Nach dem sonntäglichen Hochamt wurden von einem Fenster aus die amtlichen Bekanntmachungen verkündet. Lette verlassen wir durch den Feilbusch. Bereits 200 Meter dahinter haben wir die Kirchspielgrenze zwischen Lette und Clarholz überschritten. Wir überqueren den Heideweg, der Meierhof Overbeck mit einem Missionskreuz von 1853 liegt 700 Meter weiter. Auf einem Ackerweg laufen wir auf den Meierhof Vissing zu, an dessen Kotten zur Linken wir vorbeigehen. Vor der Hofstelle biegen wir bei Vissings Kreuz links ab und sind wieder in der Axtbachniederung.Wir kommen durch einen alten Wald, an dessen Nordrand eine barocke Eichenallee beginnt, die auf das Kloster Clarholz zuführt. Über eine Holzbrücke kommen wir in den Propsteigarten und sind am Ziel einer langen Wanderung.

Von Schleusen, Schlössern und schönen Aussichten

Eine Wanderung von Bevergern nach Riesenbeck und zurück

Wo sich die münsterländische Parklandschaft und der Teutoburger Wald die Hände reichen – dort liegt Hörstel. Wir erwandern uns hier die beiden Ortsteile Bevergern und Riesenbeck. Auf knapp zwölf Kilometer haben wir eine Menge Natur, eine Menge Abwechselung, eine Menge Sehenswürdigkeiten und natürlich eine Menge Spaß. Wir folgen auf diesem Rundwanderweg dem X 13 und dem X 7 des Westfälischen Heimatbundes, und wir wandern auch ein Stück auf dem Hermannsweg.

Im 4300-Seelen-Dörfchen Bevergern – 1991 Bundessieger („Bundesgolddorf“) im Wettbewerb „Unser Dorf soll schöner werden“ – machen wir uns auf zum Heimathaus an der Kirchstraße im Schatten der katholischen Pfarrkirche.

Aus zwei Gründen: Zum einen wollen wir uns die drei eng aneinandergefügten Fachwerkhäuser aus

Länge: 12 Kilometer

Rundwanderung

Hauptwanderwege X 13, X 7

Parkmöglichkeit: Burgplatz

Einkehrmöglichkeiten unterwegs: Gaststätte Am Nassen Dreieck, Huckbergstraße, Bevergern; Restaurant Stratmann, Sünte-Rendel-Straße, Riesenbeck; Einkehrmöglichkeit am Ende: Café Klosterhof, Am Markt, Bevergern

Fußgängerbrücke über den Mittellandkanal am „Nassen Dreieck“.

Am „Nassen Dreieck“ lädt eine Gaststätte dazu ein, sich auf der Terrasse auszuruhen.

dem 18. Jahrhundert näher ansehen, zum anderen finden wir am Heimathaus völlig problemlos den Hauptwanderweg X 13, dem wir die nächsten zweieinhalb Kilometer folgen wollen. Wir können uns auch das weiße „H“ einprägen, denn der Hermannsweg verläuft hier ein Stück parallel mit dem X 13 des Westfälischen Heimatbundes.

Es war 1964, als Prof. Anton Hilckman sein Geburtshaus der damaligen Stadt Bevergern schenkte. Der Pflege des Heimatgedankens solle es dienen, verfügte der vorausschauende Mann. Und so kam es auch: Der Heimatverein nahm sich 1966 des Erbes an und machte daraus ein Museum mit Kaufmannshaus, Handwerkerhaus und Ackerbürgerhaus (geöffnet von März bis Oktober an Sonn- und Feiertagen von 14.30 bis 18 Uhr). Den Besuch des Museums heben wir uns aber für die Rückkehr auf, schließlich wollen wir wandern. Das tun wir jetzt auch und setzen uns gen Norden Richtung Schleuse in Bewegung.

Wir überqueren dazu die laute Hauptstraße, deren Lärm sich im Mühlenpättken indes bald verliert. Links reckt sich Levedags Mühle, der Stumpf einer Öl- und Walkemühle von 1804, in den Himmel. Eine schnurgerade, malerische kleine Allee bringt uns langsam der Schleuse näher. Wir stehen zuerst neben der großen Schleuse mit einem Wasserspiegelunterschied von acht Metern und einer Länge von 165 Meter. Die kleine Schleuse von 1899 ist schon vor langer Zeit in Rente geschickt worden; wir kommen an ihr vorbei, wenn wir mit der Holzbrücke den Dortmund-Ems-Kanal überquert haben. Wir sind am „Nassen Dreieck".

Ein geographisch bedeutsamer Punkt: Hier beginnt der 326 Kilometer lange Mittellandkanal, der vom 265 Kilometer langen Dortmund-Ems-Kanal abzweigt. Hier beginnt aber auch, ebenfalls deutlich sichtbar, mit dem 96 Meter hohen Huckberg der Teutoburger Wald, der erst im ostwestfälischen Horn-Bad Meinberg endet.

Wir gehen noch ein Stückchen die Huckbergstraße im Bogen weiter und überqueren den Mittellandkanal. An der Kreuzung verabschieden wir uns vom Hauptwanderweg X 13, der links entlang der Kreisstraße abbiegt. Wir folgen auf den nächsten anderthalb Kilometern dem „H" zum 115 Meter hohen Bergeshöveder Berg.

Kaum ist die erste Anhöhe erreicht, gibt es schon Lesefutter in Form eines Gedenksteins: „Hier startete am 15. Mai 1929 der Wiener Robert Kronfeld zum 1. Langstrecken-Segelflug der Welt über mehr als 100 Kilometer." Ernsthaften Recherchen zufolge ist dieser Hinweis mehr als bescheiden – Kronfeld soll sogar 164 Kilometer weit gekommen sein.

Wir sind an der „Schönen Aussicht" angekommen. Der Titel verspricht nicht zu viel: Von hier aus hat man einen bestechend schönen Blick auf Riesenbeck und die Münsterländer Bucht. 1926 wurde dieser Aussichtspunkt gebaut und wird auch als „Balkon des Münsterlandes" bezeichnet.

Ein Stückchen weiter, ein knapper Kilometer nur, biegt der Hermannsweg leicht links ab, und der Hauptwanderweg X 7 beginnt, dem wir nun folgen. Kleiner Exkurs: Der X 7 ist mit 62 Kilometern einer der kürzeren Wege des Westfälischen Heimatbundes und führt

Eine schnurgerade Allee bringt den Wanderer zur Schleuse.

von Riesenbeck über Mesum, Rheine und Ochtrup nach Gronau.

Wir schreiten mit dem X 7 die Teutostraße hinunter ins Dorf Riesenbeck. Riesig ist Riesenbeck nicht gerade, aber mit 6.500 Einwohnern immerhin der zweitgrößte Ortsteil von Hörstel. In Riesenbeck steht die katholische Pfarrkirche St. Kalixtus, in der man die Reinhildis-Grabplatte finden kann, wohl die kostbarste erhaltene romanische Bildhauerarbeit Westfalens. Auf dem Kirchplatz steht der Reinhildisbrunnen und im Oberdorf das Ossenlockdenkmal mit den die Reinhildislegende erzählenden Reliefs. Oh, diese Reinhildis! Was gäbe es darüber alles zu erzählen – das führt aber zu weit. Wer die Sage lesen will, sollte das Internet bemühen und in die Adresszeile „www.heimatverein.riesenbeck.de/sage_und_legende.htm“ eintippen. Eines noch: An der Straße „Im Vogelsang“ steht das 1997 vom Heimatverein Riesenbeck eröffnete Landmaschinenmuseum. Es ist einen Besuch wert und von April bis Oktober jeweils am ersten Sonntag im Monat von 15 bis 18 Uhr (und nach Vereinbarung unter 05454 / 7119 oder 397) geöffnet.

Es geht mit dem X 7 ein wenig durchs Dorf, ein wenig übers Land und über die lange schattige Allee zum Schloss Surenburg. Das Schloss zählt zwar eher zu den kleineren Wasserburgen Westfalens, soll aber nach Aussage der darauf stolzen Stadt Hörstel das „bedeutendste weltliche Bauwerk des Tecklenburger Landes" sein. Wie dem auch sei: Schloss Surenburg ist unglaublich malerisch. Das liegt nicht nur am Schloss selbst, sondern auch an den Alleen und dem weitgedehnten Forst, in dem auch exotische Baumarten gedeihen. Der Herrensitz wurde wahrscheinlich um 1400 gegründet, aber erst 1474 urkundlich erwähnt. 1786 kam der Landedelmann Carl Heinrich Heereman von Zuydtwyck aus Roermond in den Niederlanden daher, sah, staunte und kaufte. Seine Nachkommen bewohnen den Adelssitz noch heute.

Das Schloss bietet das Bild einer dreiflügligen Anlage des 18. Jahrhunderts. Sie resultiert aus einer „komplizierten mehrphasigen" Baugeschichte. Kurzum: Die Bauarbeiter hatten dort immer kräftig zu werkeln. Der älteste Teil ist der rechte, östliche Flügel, der ein zweistöckiges Zweiraumhaus mit Kabinetten aus dem 17. Jahrhundert war. Um 1752 entstand der große französische Garten im Westen. Etwas später wurden die Gebäude der Vorburg abgerissen, der Graben zur Hauptburg zugeschüttet, der Nordflügel vergrößert und der Westflügel neugebaut. Wo die Vorburg stand, wurde das Renteihaus gebaut, die Wirtschaftsgebäude wurden erheblich umgestaltet. 1850 wurde das Gewächshaus gebaut, 1865 die Schlosskapelle. Wie so oft, ist auch hier eine Besichtigung des Inneren nicht möglich. Ein Rundgang um die Außengräfte lohnt aber durchaus – ein Teil davon liegt ohnehin auf unserer Strecke.

Direkt vor Schloss Surenburg verlassen wir den Hauptwanderweg X 7, der sich seinen Weg bis Gronau bahnt. Wir nehmen erneut den X 13, der rechts am Schloss abzweigt (nicht links vor dem Schloss die Abzweigung des X 13 gemeinsam mit dem X 7).

Wir sehen den Hausteich und eine Insel, von der Außengräfte umschlossen. Den Reiz der Nordseite macht die direkt aus dem Hausteich entsteigende Schlosskapelle aus, die dem Heiligen Aloysius gewidmet ist. Und es fallen die vielen unterschiedlichen Baumarten auf.

Schloss Surenburg ist das bedeutendste weltliche Bauwerk des Tecklenburger Landes.

Sie gehören zu der ehemals umfangreichen Anlage des Französischen Gartens, der später im Stil eines Englischen Gartens verändert wurde. Weiter nach Westen schließt sich, immer noch von der mit Wasserlilien und Schilf bewachsenen Außengräfte umgeben, der Wirtschaftsgarten an.

Unser Wanderweg knickt hinter Schloss Surenburg plötzlich rechts ab und führt uns entlang der Bevergerner Aa bis zum Dechant-Freude-Weg zurück nach Bevergern. Wir sind nun wieder da angekommen, wo wir vor einem knappen Dutzend Kilometer gestartet sind.

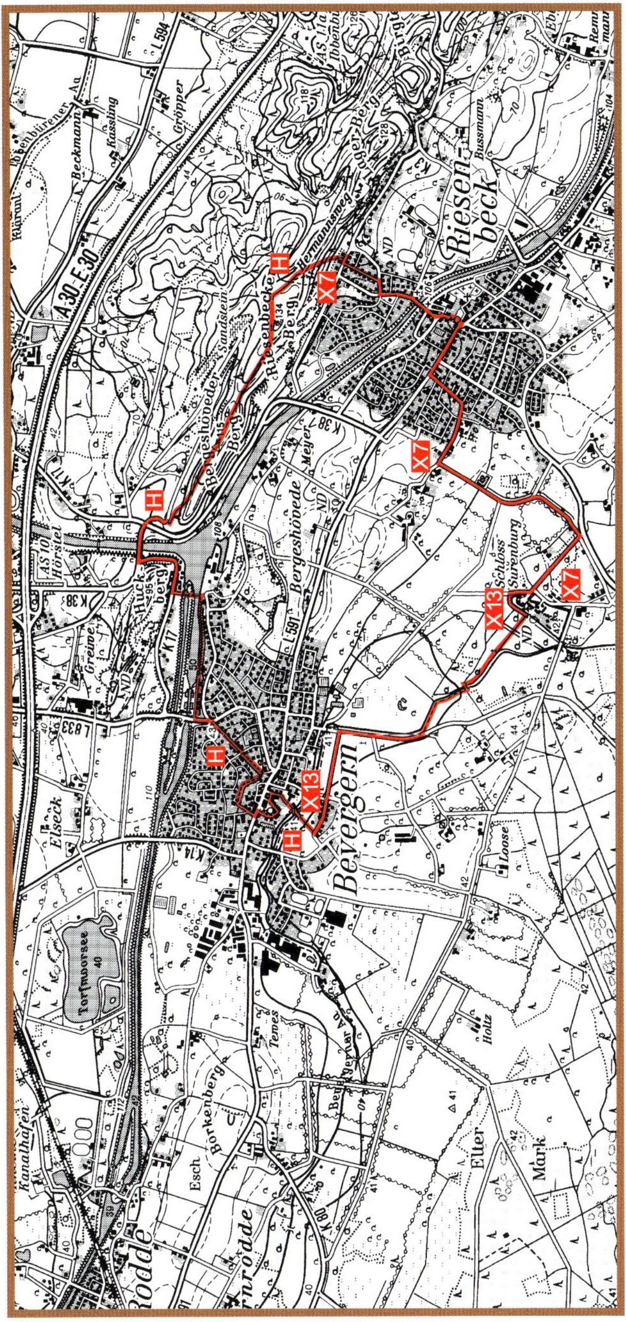
Riesenbeck
Bevergern
Rodde
Torfmoorsee
Schloss Surenburg
Hermannsweg
Bergeshöveder Berg
Riesenbecker Berg
Bergeshövede
Huckberg
Kanalhafen
Borkenberg
Esch
Elseck
Beckmann
Kassing
Gröpper
Bussmann
Meyer
Temes
Loose
Holtz
Elter
Mark
A 30-E 30
L 594
L 591
L 833
K 38
K 17
X7
X13
H

Impressum

Ausarbeitung der Routen

Stefan Herringslack unter Mitarbeit von Clemens Roters, Manfred Stasch, Helmut Böckelmann, Johannes Hugo Schroeter und Hermann Grömping. Für Hilfen und Hinweise ist ferner Dr. Annelise Raub, Thomas Starkmann und Prof. Dr. Johannes Meier zu danken.

Karten

Erstellt vom Verlag Aschendorff nach Unterlagen des Westfälischen Heimatbundes. © der Kartengrundlage: geobasis.nrw (Bezirksregierung Köln, Abteilung 07)

Abbildungen

Geographische Kommission für Westfalen: 80o, 83, 84, 86, 88–90, 102
Rock'n'Pop-Museum Gronau: 53
Burkhard Beyer: Titel, 10, 16, 18, 24, 26, 28, 34, 36, 39u, 42, 46, 48, 50–52, 56, 58–60, 62, 64–68, 70, 72, 74, 78, 80u, 81, 94, 96, 110, 112–114, 118, 120, 126/127
Helmut Böckelmann: 30–32, 38, 39o, 75, 76, 98, 99, 104, 105, 107
Stefan Herringslack: 11–15, 20–23, 25, 97, 106, 115, 122, 124
Johannes Hugo Schroeter: 44, 45
Manfred Stasch: 92

Printed in Germany

ISBN 978-3-402-12851-0